Bernd Achenbach

LICHTENBERG FÜR ANFÄNGER

Klaus Kirschbaun

DIE „VERKAUFTE" BRAUT

Zur Vorgeschichte einer Auslobung

Kirschbaum Verlag

ISBN 3 7812 1278 5

Verlegt im Kirschbaum Verlag, Bonn.
Satz: Bernd Haeseling, Bonn. Druck: SDV Saarbrücker
Druckerei und Verlag GmbH, Saarbrücken.
Dezember 1990

„Zukunftsmusik“ ist nach der Definition aus dem „Musiklexikon von Prof. K. Lauer“, erstmals 1892 in Berlin erschienen,

eine von Richard Wagner eingeführte Bezeichnung für Musikstücke, in denen ältere Komponisten Motive verwenden, die W. sich selbst für zukünftige Werke vorbehalten hatte.

Es mag den Leser überraschen, daß in ebendiesem Sinn von „Zukunftsliteratur“ gesprochen werden kann. Der Schuldige ist Lichtenberg. Wagner hat, wie Glasenapp bekundet, „gern und viel“ in seinen Werken gelesen:

So sehr war ihm manches aus der Seele geschrieben, daß er lachend sagte, es sei ja wie aus seinen eigenen „Gesammelten Schriften“ entnommen.

Auf dieses Zitat kann bei dem Unterfangen, den Göttinger Physik-Professor und den Bayreuther Meister zwischen zwei Buchdeckel zu pressen, füglich verwiesen werden. Der Leser braucht also nicht zu befürchten, auf den folgenden Seiten etwa einen „Psalter hinter [resp. vor] einen Eulenspiegel gebunden“ vorzufinden (Das Zitat stammt natürlich von Lichtenberg). Die beiden Vorträge, bei privater Gelegenheit gehalten und für die Veröffentlichung nicht groß zurechtgestutzt, möchten dazu anregen, sich mit dem Thema „Wagner und Lichtenberg“ näher zu befassen. Denn witzige Köpfe waren sie beide, auch wenn Wagner sich darüber beklagt, daß Liszt und Nietzsche seine Witze nicht mochten. Von Eduard Hanslick ganz zu schweigen, der Wagner in seiner Rezension der „Meistersinger“ rundheraus „Humor, Leichtigkeit und unbefangenen Frohsinn“ abspricht. Möge es beiden Aufsätzen gelingen, ein wenig von letzterem zu verbreiten.

Bernd Achenbach

LICHTENBERG FÜR ANFÄNGER

Der Göttinger Privatgelehrte und Repetitor Otto Deneke, Verfasser einer auf halber Distanz abgebrochenen Lichtenberg-Biographie, soll die drängenden Erinnerungen seines Verlegers Ernst Heimeran mit der lapidaren Feststellung pariert haben: er wisse es, und ob's die anderen wüßten, kümmere ihn wenig. Als er selbst um einen Beitrag für die geplante Lichtenberg-Nummer seiner „Göttinger Nebenstunden" verlegen war, widerfuhr ihm ähnliches. „Ja, Lichtenberg", antwortete Karl Wolfskehl, der ersuchte Dichter, „... ich bekenne mich erst zu ihm, sage erst aus von ihm, wenn ich ihn wirklich ganz intus habe, nicht bis in seine Tiefe, das auch nur zu prätendieren wäre vermessen, doch aber nach Umfang, Stilart, Denkform. Bin ich so weit, dann wage ich's, und Sie sollen der Erste sein, dem ich das Ergebnis anbiete ..."

Nun, mich (be)kümmert durchaus, wie wenig viele von Georg Christoph Lichtenberg wissen, und ich habe mich deshalb gern nötigen lassen, mich hier zu ihm zu bekennen.

Wer also war dieser Mann, der am 24. Februar 1799 nach kurzem Krankenlager einer „Brustentzündung mit Seitenstechen" erlag, von mehr als fünfhundert Studenten zu Grabe getragen und in einem Nachruf „Liebling seines Zeitalters" genannt wurde?

Die Chronologie seines äußeren Lebenswegs ist rasch erzählt. Er beginnt, sieben Jahre vor der Geburt Goethes, am 1. Juli 1742 im kinderreichen Pfarrhaus von Ober-Ramstadt, nahe Darmstadt. Welchen Eindruck der Ankömmling auf die glücklichen Eltern gemacht haben muß, kann sich vorstellen, wer Vater Lichtenbergs Kirchenbuch-Eintrag liest: „Söhnl. so gleich wegen Schwachheit von mir getaufft". Der Vermerk deutet an, was Lichtenberg aufgebürdet war: eine Zwergen-Statur, eine äußerst gebrechliche, für eingebildete und wirkliche Krankheiten stets anfällige Konstitution, verunziert obendrein mit einem riesigen Buckel.

Ihr Körper ist so beschaffen, daß ihn auch ein schlechter Zeichner im dunckeln besser zeichnen würde, und stünde es in ihrem Vermögen, ihn zu ändern, so würde sie manchen Theilen weniger relief geben.

Das sind die ersten Worte eines vom siebenundzwanzigjährigen Lichtenberg stammenden Fragments über den „Charackter einer mir bekannten Person", die natürlich niemand anders als er selbst war.

Nach glänzendem Besuch des Darmstädter Pädagogiums immatrikuliert sich Lichtenberg im Mai 1763 an der Georgia Augusta in Göttingen als Mathematum et Physices Studiosus. Dies Städtchen,

berühmt in allerlei Bedeutung
Durch Würste, Bibliothek und Zeitung,
Durch Professoren und Regenwetter
Und breite Stein und Wochenblätter,

wie Lichtenberg lange vor Heinrich Heine reimte, wurde ihm zur zweiten Heimat, die er – von seinen beiden großen Englandreisen und, der geographischen Ortsbestimmung dienenden, längeren Aufenthalten in Hannover, Osnabrück und Stade abgesehen – so gut wie nie mehr verlassen hat. 1770 zum Extraordinarius, 1775 zum ordentlichen Professor ernannt, in beiden Fällen, so darf man annehmen, mit sanftem Rückenwind aus London, wo der junge

Lichtenberg. Bleistiftzeichnung von unbekannter Hand, ca. 1795

Gelehrte den König Georg III. zu beeindrucken gewußt hatte, blieb Lichtenberg auch seinem Metier, den Naturwissenschaften, treu. War es zunächst die Mathematik, dann die Astronomie, woran noch ein nach ihm benannter Mondkrater erinnert, so rückte alsbald die Physik in den Mittelpunkt seiner beruflichen Aktivitäten, ein Gebiet, auf dem er als Forscher, Lehrer und namentlich als Experimentator Hervorragendes geleistet hat. Er ist ohne Zweifel zu den ersten Physikern seiner Zeit zu zählen, auch wenn ihm die große „nützliche" Entdeckung, die er so gern gemacht hätte, nicht gelang. Allenthalben gefragt war der Rat des Blitzschutzfachmanns Lichtenberg, der in einem Brief vom 18. Februar 1788 schrieb:

... das gantze Problem von Blitzableitern läuft darauf hinaus, wie soll man ein Hauß gegen den Blitz armiren, so daß kein Wetterstrahl das Hauß, sondern immer die Armatur treffe? Hierzu sehe ich nun keinen andern Ausweg, als den, die Häußer unter Käfige zu setzen, mit einer Spitze. Ein solcher Pavillion in einem Garten z. E. müste herrlich aussehen. Freylich müste der Käfig nach Proportion größer seyn, etwa in dem Verhältniß von hier eingeschaltetem.

Das Eisen könte allerley Verzierungen enthalten z. E. einen Jupiter, dem ein Professor der Physic den Blitz auspisset. Auch könte man an das Eisen Werck Reben, Bohnen, Geißblatt und Hopfen pflantzen. Ueberhaupt aber ein solcher Käfig, in dem die Götter der Erde sich verkriechen müssen, wenn der Gott des Himmels zu donnern anfängt, Raum zu allerley Witz geben...

Damit schlug er, in typisch Lichtenbergscher Manier das Problem auf die Spitze treibend und den Faradayschen Käfig vorwegnehmend, prinzipiell eine Lösung vor, die man nach wie vor für die ideale hält.
Mit Lichtenbergs Namen verbunden sind jene von ihm entdeckten Staubfiguren, die bei der elektrischen Entladung zwischen einer spitzen und einer plattenförmigen Elektrode auf einer dazwischen angebrachten, mit Harzpulver bestreuten Isolierplatte entstehen. In unseren Tagen benutzt man das Phänomen weltweit bei der Herstellung von Fotokopien (Xerographie), so daß sich, man sehe mir den Kalauer nach, sagen ließe, der Begriff „ablichten" komme von „Lichtenberg". Als Lichtenberg der Göttinger Akademie über seine Versuche berichtete, führte er so nebenbei die Bezeichnungen + und − in die Elektrizitätslehre ein,

weil man sich mehr an die Zeichengebung der Mathematiker als an die der Apotheker halten soll.

Die Staubfiguren brachten übrigens seinen Schüler Chladni auf die Frage, ob sich nicht ähnliches zeige, wenn man bestaubte Scheiben zum Klingen bringe. Das Resultat, die sog. Chladnischen Klangfiguren, sind jedem geläufig, der je die harte Bank eines Physiksaals gedrückt hat.
Berühmt waren Lichtenbergs Experimente mit verschiedenen „Luftarten", wie damals die Gase hießen. Dabei ließ er wasserstoffgefüllte Seifen- und Schweinsblasen in die Lüfte steigen, so daß er beinahe den Ballon erfunden hätte. Daß ihm hier die Franzosen zuvorgekommen sind (Montgolfier), hat ihn zeitlebens entsetzlich geärgert. Zu erinnern ist ferner an seinen Schriftwechsel mit Goethe über dessen Farbenlehre, an den von ihm, Lichtenberg, geleisteten Beitrag zur Entwicklung des Streichholzes sowie daran, daß wir Lichtenberg unser DIN-Papierformat zu verdanken haben. Anhänger der „Schwarzen Kunst" möchten das sicher noch genauer wissen, deshalb dazu ein sehr „Lichtenbergsches" Zitat aus

dem Göttinger Taschen Calender von 1796. In einem Aufsatz „Über Bücherformate" nennt Lichtenberg die mathematischen Formeln für die verschiedenen Buchgrößen – Folio, Quart, Oktav usw. – und plädiert schließlich für unser heutiges DIN-Format, also das Verhältnis von $1:\sqrt{2}$ zwischen Breite und Höhe. Im folgenden heißt es

Da nun bekanntlich das Verhältniß von $1:\sqrt{2}$ das Verhältniß der Seite des Quadrats zu dessen Diagonale ist: so kann sich Jedermann sogleich ein Blatt von dieser Form schneiden. Vielleicht ergeht es ihm alsdann wie mir vor mehreren Jahren, da ich unvermuthet gewahr ward, daß der Bogen Papier, den ich für das Beispiel zuschneiden wollte, schon die Form hatte, die ich ihm zu geben willens war. Unser gewöhnliches Schreibpapier in klein Folio hat nämlich hier zu Lande wirklich diese Form schon, und es war mir angenehm, zu finden, daß irgend Jemand schon bei der ersten Bildung des Papiers, sogar die Figur desselben eines Gedankens gewürdigt hatte, also einer Ehre, die ihm nachher im Dienste selbst, bald beim Schreiben, bald beim Lesen, nicht selten versagt wird.

Erwähnenswert ist auch, daß die Einrichtung der ersten Seebäder Deutschlands auf seine Initiative zurückgeht und daß er in einem Artikel, überschrieben „Das Luftbad", seinen prüden Landsleuten gar empfahl, sich einmal Fell und Hemd über die Ohren zu ziehen und in Gottes freier Natur ein Nacktbad zu nehmen, wobei dann freilich die Unternehmer Sorge tragen müßten,

der Durchsichtigkeit der Luft und der Scharfsichtigkeit der im Stande der Schuld Lebenden

zu begegnen.
Die letzten Beispiele weisen bereits darauf hin, daß Lichtenbergs Bedeutung über das streng Fachwissenschaftliche hinausgeht. Es ist vielmehr der glänzende Prosaiker, der Satiriker, Philosoph, Psychologe und – natürlich – die einzigartige Kombination all dieser Rollen und Eigenschaften, die fast jeden Satz seiner privaten Aufzeichnungen, Schriften und Briefe bis heute zu einem ästhetischen Genuß und „Hirnschmaus" werden läßt.
Was jemand mitbringen muß, um dies nachempfinden zu können, ist schwer zu sagen. Benötigt wird, glaube ich, eine Portion Witz und Sinn für die Komik des Lebens. Denn eines war Lichtenberg gewiß, ein witziger Kopf, und ein hitziger dazu, das bekamen die Kontrahenten seiner großen „Affären", Lavater und Voß, zu spüren.

Johann Caspar Lavater, der Zürcher Theologe und pietistische Eiferer, machte damals durch zweierlei von sich reden. Einmal durch seine Bekehrungssucht, die in der Aufforderung an Moses Mendelssohn, Lessings Freund und „Nathan", gipfelte, er solle die von Lavater just ins Deutsche übersetzten „Untersuchungen der Beweise für das Christentum" des Charles Bonnet widerlegen oder, wenn ihm das nicht möglich sei, den christlichen Glauben annehmen. Der jüdische Philosoph antwortete gelassen, Lavater hingegen betrachtete die Angelegenheit damit nicht als erledigt, sondern hielt eine Predigt mit dem Titel „Rede bei der Taufe zweier Berlinischer Israeliten, so durch die Veranlassung der Lavater- und Mendelssohnischen Streitschriften zum wahren Christentum übergetreten". Lichtenberg lieferte hierzu eine Satire, der er das Rubrum gab: „Timorus, das ist Vertheidigung zweyer Israeliten, die durch die Kräftigkeit der Lavaterischen Beweisgründe und der Göttingischen Mettwürste bewogen den wahren Glauben angenommen haben", wobei ihm die „Bekehrung" zweier Göttinger Juden, die nicht gerade im besten Ruf standen, zum Anlaß diente, Lavaters Verstoß wider das Toleranzgebot der Aufklärung ironice zu brandmarken.

Gelegenheit, sich ein zweites Mal mit Johann Caspar Lavater und den Seinen anzulegen, bot die von dem Schweizer Amateurcharakterologen entfachte „physiognomische Raserei", die das gesamte empfindsame Deutschland ergriff. Lavater hatte begonnen, in den „Physiognomischen Fragmenten zur Beförderung der Menschenkenntnis und Menschenliebe" mit einem immensen Aufwand an Papier, Bildern und Kalbsleder die These wiederzubeleben, der Geist wirke auf den Körper und umgekehrt, man könne daher vom Äußeren eines Menschen auf sein Wesen schließen, kurz:

Die Physiognomie ist der Grund von allem, was wir thun und lassen.

Was Lichtenberg, der seit seiner Jugend selbst gern „Visagen" studierte, deutete und zeichnete, dem entgegenhielt, kann hier nicht im einzelnen dargelegt werden. Er mußte sich schon aus persönlicher Betroffenheit dagegen verwahren, „wie ein Ochse von Viehhändlern taxiert zu werden". Und er tat dies mit der Schrift „Ueber Physiognomik; wider die Physiognomen. Zu Beförderung der Menschenliebe und Menschenkenntniß" sowie auf weniger akademische Weise mit dem vielbelachten „Fragment von Schwänzen". Hierbei handelte es sich ursprünglich um einen Brief an die für derlei Anspielungen recht empfängliche Frau seines Kollegen Baldinger. Darin knüpft Lichtenberg, Ton und Stil Lavaters parodierend, an silhouettierte Hunde- und Sauschwänze allerlei physiognomische Betrachtungen und erläutert zur Übung acht Schattenrisse von „Purschenschwänzen", womit nun gewiß nicht nur Perückenzöpfe und „Bänder an den Spazierstöcken von Studenten" (Mautner) gemeint waren ...

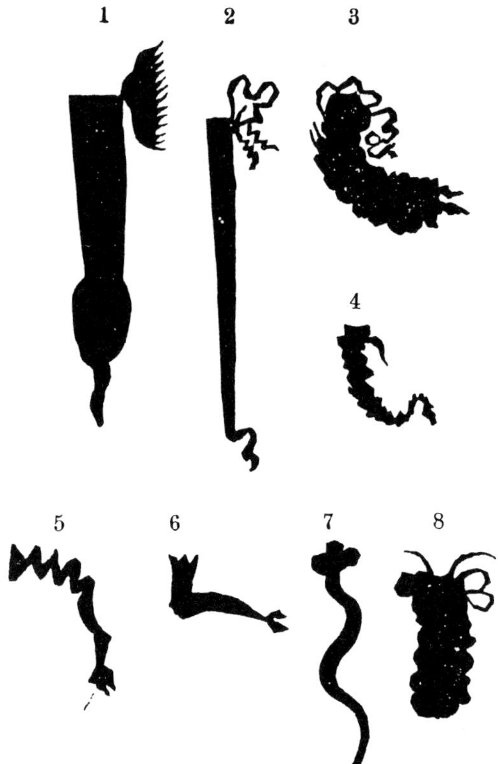

Acht Silhouetten von Purschenschwänzen zur Uebung.
Schattenrisse von Lichtenberg

Das Ganze endet mit den köstlichen „Fragen zur weiteren Übung“:

Welcher ist der kraftvollste?
Welcher hat am meisten Thatstarrendes?
Welcher ist der Jurist? der Mediciner? der Theologe?
der Weltweise? der Taugenichts? der Taugewas?
Welcher ist der verliebteste?
Welcher alternirt mit dem Haarbeutel?
Welcher hat den Freytisch?
Welchen könnte Göthe getragen haben? usw.

Mit Johann Heinrich Voß, dem bekannten Altphilologen und Homer-Übersetzer, geriet Lichtenberg in Händel über die Aussprache des griechischen Buchstabens Eta. Voß war darauf gestoßen, daß die Griechen das Blöken der Schafe mit diesem Laut auszudrücken pflegten, und er hatte daraus den naheliegenden Schluß gezogen, der Vokal habe entgegen der landläufigen Meinung nicht wie ein langes e, sondern wie äh geklungen. Dabei ließ es Voß freilich nicht bewenden. Er erhob vielmehr die Forderung, in Konsequenz seiner Erkenntnis sollten künftig alle dem Griechischen entlehnten Wörter an der bewußten Stelle orthographisch korrekt mit einem ä geschrieben werden. Lichtenberg zeigte Vossens Theorie öffentlich an, und zwar unter der Rubrik „Neue Erfindungen, Moden, physikalische und andere Merkwürdigkeiten“ und schlug in einem launigen „Sendschreiben der Erde an den Mond“ vor, künftig doch „Herr Jäsus“ zu schreiben.
Der getroffene Fuchs bellte wütend und grob zurück, Lichtenberg setzte dem einen glänzenden, den besten Streitschriften Lessings in nichts nachstehenden Artikel entgegen, dem er den barocken Titel gab

Ueber die Pronunciation der Schopse des alten Griechenlands verglichen mit der Pronunciation ihrer neuern Brüder an der Elbe: oder ueber Beh, Beh und Bäh, Bäh, eine litterarische Untersuchung von dem Concipienten des Sendschreibens an den Mond.

Das altdeutsche „Schöps“ bedeutet „Hammel“, und daß die Wendung „an der Elbe“ mit dem Wohnsitz des Betroffenen zu tun hat, haben Sie schon ganz richtig vermutet.
Als Voß eine „Verteidigung gegen Herrn Prof. Lichtenberg“ drucken ließ, verkürzte der Professor in seiner Erwiderung den

Streitgegenstand auf die schlagende Formel „To bäh or not to bäh, that is the question".
Lichtenbergs Aufsätze erschienen zuerst verstreut in vielen Journalen und Zeitschriften, dann überwiegend in dem von ihm zusammen mit dem Weltumsegler und späteren Jakobiner (Mainz!) Georg Forster herausgegebenen „Göttingischen Magazin der Wissenschaften und Litteratur" (1780–1785) und im „Göttinger Taschen Calender", den er 1777 von seinem Kollegen Erxleben übernahm und bis zum Tode betreute. Als Gegenleistung verzichtete der Verlegerfreund Johann Christian Dietrich, unter dessen Dach Lichtenberg wohnte und lehrte, auf den Mietzins. Der Almanach trug den Nebentitel „Taschenbuch zum Nutzen und Vergnügen", und es gibt kaum einen Beitrag von der Hand Lichtenbergs, der sich scheuen müßte, an diesem Anspruch gemessen zu werden; einerlei, ob er „Etwas über den fürchterlichen Kometen, welcher, einem allgemeinen Gerücht zufolge, um die Zeit des ersten Aprils unsere Erde abholen wird," verlauten ließ, „Proben seltsamen Aberglaubens" gab, ein „Sicheres Recept Tintenflecke ohne Säure aus Leinwand wegzuschaffen" verriet, die „Naturgeschichte der Stubenfliege" abhandelte, „Ein Wort über das Alter der Guillotine" verlor oder sich über „Tscherkassische Mädchen", „Die Brieftauben" und die „Jesuiten" ausließ.
An wichtigen größeren Arbeiten sind zu nennen Biographien über James Cook und Kopernikus, eine fiktive „Sammlung von Geräthschaften", deren Nr. 1 „Ein Messer ohne Klinge, an welchem der Stiel fehlt" zum geflügelten Wort geworden ist, insbesondere aber seine berühmten „Briefe aus England". Sie enthalten die erste Großstadtschilderung (London) in deutscher Sprache und haben mit ihren aufschlußreichen Bühnenberichten das Schauspiel und die Theaterkritik hierzulande wesentlich beeinflußt. Bekannt ist heute noch die grandiose Beschreibung des Schauspielers Garrick als „Hamlet". Zu erwähnen sind ferner Lichtenbergs Kommentare zu fast 100 Kupferstichen des englischen Malers und Graphikers William Hogarth, die dem Autor die Möglichkeit gaben, seine intimen Kenntnisse der englischen Verhältnisse, mit allerlei heiteren Abschweifungen garniert, vor einem großen Lesepublikum auszubreiten. Wem aber leicht für seicht steht, der muß sich mit einem vielzitierten Goethewort sagen lassen: „Wo Lichtenberg einen Spaß macht, liegt ein Problem verborgen." Sigmund Freud,

der Lichtenbergs Traumberichten, Selbstanalysen und Witzen eine Menge verdankt, stimmt dem zu, den Nachsatz korrigierend „richtiger, seine scherzhaften Einfälle streifen an der Lösung von Problemen". Und Freud demonstriert dies sogleich an dem Notat „Er las immer Agamemnon statt ‚angenommen', so sehr hatte er den Homer gelesen", womit Lichtenberg nichts weniger als die ganze Theorie des Verlesens (Stichwort: Freudsche Fehlleistung) aufgedeckt habe. Von Karl Kraus stammt der Vermerk

Lichtenberg gräbt tiefer als irgendeiner, aber er kommt nicht wieder hinauf. Er redet unter der Erde. Nur wer selbst tief gräbt, hört ihn.

Die Zitate mögen genügen, um anschaulich zu machen, daß wirklicher Genuß an Lichtenberg nur dem vergönnt ist, der Lust hat, mit- und nachzudenken – und wer hätte das nicht? Anstöße hierzu finden sich die Fülle in Lichtenbergs sogenannten Sudelbüchern, aus denen immer neue Generationen von Herausgebern nicht müde werden, „Spruchweisheiten" und „Aphorismen" herauszuziehen, sie auf die Blätter von Abreißkalendern oder „Trostbüchlein" zu setzen und für DM 12,80 auf den Ramschtischen der Buchläden und Kaufhäuser zu placieren.
Die erst posthum veröffentlichten „Sudelbücher", mit denen Lichtenberg schon als Student begann, sind weitgehend erhalten und befinden sich in seinem von der Göttinger Universitätsbibliothek gehüteten Nachlaß: 15 Hefte und Bücher unterschiedlichen Umfangs und Formats, von C an vom Verfasser mit großen Buchstaben bezeichnet. Sie enthalten in kunterbunter Folge Lesefrüchte, physikalische, philosophische, literarische, psychologische Bemerkungen, Gedankensplitter, Fabeln, Gedichte, Notizen zu Romanvorhaben (die nie realisiert wurden), politische, historische und pädagogische Feststellungen aller Art, zwischendurch Listen zu pflanzender Blumen, lesenswerter Bücher, Briefentwürfe, Selbstbeobachtungen, Skizzen zu der ebenfalls nie verwirklichten „Geschichte meines Geistes so wohl als elenden Körpers" und vieles andere mehr. Über den Sinn so sonderbarer Buchhaltung hat sich Lichtenberg mehrmals geäußert:

Die Kaufleute haben ihr Waste book (Sudelbuch, Klitterbuch glaube ich im deutschen), darin tragen sie von Tag zu Tag alles ein was sie verkaufen und kaufen, alles durch einander ohne Ordnung, aus diesem wird es in das Journal getragen, wo alles mehr systematisch steht, und endlich kommt es in den Leidger at double

[. . .] seine Gedancken kommen ihm als wenn sie ihm der Kobolt brächte.
Selbstreflexion Lichtenbergs im Sudelbuch D, 1773,
gezeichnet von Helmut von Arz, 1987.

entrance nach der italiänischen Art Buchzuhalten. In diesem wird mit jedem Mann besonders abgerechnet und zwar erst als Debtor und dann als Creditor gegenüber. Dieses verdient von den Gelehrten nachgeahmt zu werden . . . (E 46).

Schmierbuch Methode bestens zu empfehlen. Keine Wendung, keinen Ausdruck unaufgeschrieben zu lassen. Reichthum erwirbt man sich auch durch Ersparung der Pfennigs Wahrheiten. (F 1209).

Zum Muntermachen ein paar Zitate aus dieser unerschöpflichen Vorratskammer, die Elias Canetti „das reichste Buch der Weltliteratur" genannt hat:

Eine Commode, eine Incommode. Die Nachtstühle sind öffters wahre Inkommoditäten. (J 963).

Es fehlt nicht viel, so ordnet man die Menschen in Rücksicht auf Geistes Fähigkeiten so wie die Mineralien nach ihrer Härte, oder eigentlich nach der Gabe, die eines besitzt, das andere zu schneiden und zu kratzen. (J 1137).

Deutscher Fleiß, auf diesem Titul pflegen offt Köpfe, die nicht zum Dencken aufgelegt sind, ihre trockenen Geistlähmenden Bemühungen zu belegen . . . (J 1170).

Er hustete so hohl, daß man in jedem Laut den doppelten Resonantz Boden Brust und Sarg mitzuhören glaubte. (L 596).

Gott schuf den Menschen nach seinem Bilde, daß heißt vermutlich, der Mensch schuf Gott nach dem seinigen.
Immer geschäfftig die Leute mit dem unnöthigen zu versehen. (F 300).

Es ist kein Wunder, daß die Literaturhistoriker zwar dem Aphorismenschreiber Lichtenberg ihre Reverenz erweisen, sich aber fast nie den Zusatz verkneifen, daß er den großem Roman mangels schöpferischer Phantasie nicht habe zustandebringen können. Sich buchstäblich in Kleinzeug und Stückwerk zu verzetteln, sei sein Schicksal gewesen. Kurt Tucholsky hat darauf die passende Antwort parat.

So hol sie doch der Henker alle miteinander, diese Pauker! Nein, er war kein Baumeister! Und Goethe war kein Radfahrer! Und Schiller excellierte nicht in breiten Romanen. Und Dante verstand nichts vom Theater. Warum – o Seminar! – sollte Lichtenberg ein Baumeister großer Werke gewesen sein? Mit manchem „irgendwie“ und manchem „Wissen um...“ wird dargetan, daß es bei ihm sozusagen nicht gereicht habe. Uns langt's.

Aus ähnlichen Gründen findet Lichtenberg in den gedruckten Geschichten der Philosophie so gut wie nicht statt, obwohl wir allen Grund haben, ihm auch auf diesem Gebiet einen hohen Rang beizumessen, vor allem in erkenntnistheoretischer Hinsicht. Lichtenberg war der festen Überzeugung, daß die Natur keine „genera“, sondern „individua“ schaffe. Um ihr auf die Spur zu kommen, sucht er deshalb, das Individuelle der Dinge ins Visier zu nehmen, sie in ihrer Einmaligkeit zu erfassen. Dementsprechend lautet seine erste Devise: Augen auf, Observieren, Tatsachen ermitteln, Erfahrungen sammeln:

Ich muß vor allen Dingen von Anfang an bloß meinen Sinnen trauen, die mir ja der Himmel gegeben hat, die Natur zu beobachten...

Allerdings gibt es kein chemisch reines Sehen. Der Verstand ist von vornherein am Erkenntnisakt beteiligt. Und zwar einmal als kritischer Mahner, an allem selbstverständlich Scheinenden, als ausgemacht Geltendem zu zweifeln, noch einmal hinzusehen, nicht

ein angenehmes Mondlicht über die Gegenstände [zu werfen], das im Gantzen gefällt, aber nicht einen eintzigen Gegenstand deutlich zeigt. (L 318).

Zum anderen muß man sich unablässig möglicher Fehlerquellen bewußt sein, als da sind Eigenheiten des an der objektiven Feststellung mitwirkenden Subjekts und seines Instrumentariums, der von allerlei Umständen abhängigen Erkenntnislage:

Ich habe es sehr deutlich bemerckt: Ich habe offt d i e Meinung wenn ich liege, und eine andere wenn ich stehe. Zumal wenn ich wenig gegessen habe und matt bin. (F 552).
Die edle Einfalt in den Werken der Natur hat nur gar zu oft ihren Grund in der edeln Kurzsichtigkeit dessen, der sie beobachtet. (H 5).

Sie werden verstehen, daß Lichtenberg bei diesem Ausgangspunkt nichts von umfassenden philosophischen Systemen und naturwissenschaftlichen Welttheorien hielt. Denn ein System beruht auf einer Verallgemeinerung, einer Abstraktion durch Schaffung immer gröberer Oberbegriffe, so daß es sich notwendigerweise mehr und mehr von der konkreten Wirklichkeit, den Individuen, entfernt. Zieht man weiter in Betracht, daß das Denken selbst ein individueller Akt ist, verstärkt sich die Skepsis gegenüber fremden Gedankengebäuden:

Wenn man die Menschen lehrt w i e sie dencken sollen und nicht ewig hin, w a s sie dencken sollen: so wird auch dem Mißverständnis vorgebeugt. Es ist eine Art von Einweyhung in die Mysteria der Menschheit. Wer im eignen Dencken auf einen sonderbaren Satz stößt, kommt auch wohl wieder davon ab, wenn er falsch ist. Ein sonderbarer Satz hingegen, der von einem Mann von Ansehen gelehrt wird, kan tausende, die nicht untersuchen, irre führen. Man kan nicht vorsichtig genug seyn in Bekanntmachung eigner Meinungen, die auf Leben und Glückseeligkeit hinauslaufen, hingegen nicht emsig genug, Menschen-Verstand und Zweifel einzuschärfen.

Damit vertritt Lichtenberg eine offene Denkweise. Zwar

können [wir] nicht anders, wir müssen Ordnung und weise Regierung in der Welt erkennen, dieses folgt aber aus der Einrichtung unsrer Denkkraft.

Das sind jedoch lediglich Hypothesen, einstweilige Annahmen, die der ständigen Überprüfung bedürfen und, falls sie sich als unzutreffend erweisen, von anderen, den neuen Einsichten angepaßten Theorien abgelöst werden müssen, denen wiederum bloß vorläufiger Charakter zukommt: Irrtum vorbehalten. Man könnte Lichtenbergs Haltung die eines „kritischen Rationalisten" nennen, um einen Ausdruck Karl Poppers zu gebrauchen. Mit einer solchen Einstellung vertrüge es sich nicht, die alten Doktrinen durch ein neues Diktat, und sei es das der Vernunft, zu ersetzen. Dazu zwei Zitate:

Die Vernunft sieht jetzt über das Reich der dunkeln aber warmen Gefühle so hervor wie die Alpen-Spitzen über die Wolken. Sie sehen die Sonne reiner und deutlicher, aber sie sind kalt und unfruchtbar. Brüstet sich mit ihrer Höhe (L 406).

Was man von dem Vorteile und Schaden der Aufklärung sagt, ließe sich gewiß gut in einer Fabel vom Feuer darstellen. Es ist die Seele der unorganischen Natur, sein mäßiger Gebrauch macht uns das Leben angenehm, es erwärmt unsere Winter und erleuchtet unsere Nächte. Aber das müssen Lichter und Fackeln sein, die Straßenbeleuchtung durch angezündete Häuser ist eine sehr böse Beleuchtung. Auch muß man Kinder nicht damit spielen lassen.

Sie sehen, für den Denker Lichtenberg läßt sich nur schwer die passende Schublade finden. Die Anerkennung von Gefühlen und Empfindungen, seine nicht zu leugnenden mystischen Anwandlungen, sein gelegentlicher Hang zum Ominösen und Abergläubischen, die Betonung des Subjektiven, Individuellen, Sinnlichen haben Lichtenberg sogar das Prädikat „Vorläufer der Romantik" eingebracht. Dahinter gehört allerdings ein dickes Fragezeichen. Gewiß spielt dieser Bereich in seinen Selbstgesprächen, und das sind die Sudelbücher größtenteils, ja auch in seinen brieflichen Äußerungen, direkt oder in ironischem Gewand, eine gewisse Rolle. Was Lichtenberg aber von den meisten Romantikern unterscheidet, ist doch sein ständiges Bemühen, dem Irrationalen nicht zuviel Raum zu geben, es, wo dies angeht, als Hirngespinst und Gespensterglauben zu entlarven, das Rätsel des Ich gedanklich aufzudröseln, auch jene Seite also der Kontrolle des Verstandes zu unterwerfen. Der romantischen Betrachtungsweise entspricht eher eine Haltung, die allein dem Unfaßbaren, Okkulten Tiefe und ewige Wahrheit zubilligt, hingegen das Vernunftdenken als platte, kalte Verstandeskultur verteufelt, die es zu überwinden gilt.

Lichtenbergs virtuose Handhabung der zu seiner Zeit noch gar nicht so „klassischen" deutschen Sprache ist hoffentlich durch seine Zitate deutlich geworden. Zu erwähnen ist auch der Briefschreiber Lichtenberg, der kaum seinesgleichen in der deutschen Literatur hat, ein Muster an schärfster Beobachtungsgabe, unverwechselbar in seiner metaphorischen Kraft, Frische und Munterkeit, freilich auch von einer ernsten Sachlichkeit, wenn ihm danach zumute ist.

Hören Sie dazu ein Beispiel. Der Brief ist eine der hübschen Reiseepisteln, mit denen Lichtenberg seinen Verlegerfreund Johann Christian Dietrich bedachte, wenn er auf Achse war. Man hat ihn als ein Stück klassischer Prosa aus der Feder eines geborenen Publizisten bezeichnet. Der Brief ist in Osnabrück geschrieben; Datum ca. 15. Januar 1773.

Gevatter,

Deinen guten Willen so wohl als die That habe richtig erhalten. Ich huste noch immer. Ich glaube doch nun im Ernst fast, daß es Berg ab geht. Ich habe auch keinen Schlaf. Neulich bin ich einmal mit dem Schlag drey vierthel auf 5 eingeschlafen. Der Muth ist mir noch nicht gelähmt, ich verstehe mich aufs Husten und Lachen zu gleicher Zeit, so gut als ein junges Mädchen aufs Weinen und Lachen auch zu gleicher Zeit. Vom Teufel spüre ich wenig oder nichts. Meine lincke Hand trägt meinen Kopf und die rechte tracktirt ihn des Tages zweymal mit Stern Anis Thee, und Suppe, die übrige Zeit schiebt sie feyerfangende Sachen in Sybillchen [Lichtenbergs Kohleöfchen in Osnabrück] schreibt Briefe, und krazt das Ohr.

Ich weiß nicht ob Du den großen gelben Hosenknopf gekannt hast, den ich voriges Jahr zu oberst an meinen Hosen trug. Es war der eintzige metallene an meinem gantzen Leibe. Er hat mich nie verlassen, seit 1769 versah er diese Stelle mit einer für einen Hosenknopf bewundernswürdigen Treue und Ernst. Da ich hier merckte daß ihm der Dienst sauer wurde, so adjungirte ich ihm einen neuen Modeknopf, der ehmals auf Swantons Uniform gesessen hatte, das Regiment liegt jezt in Minorca. Dieses nahm er übel. Im December fieng er an zu klagen und den Kopf zu hängen und gestern Nachmittag zwischen 3. und 4 zerriß das Band das uns über 3 Jahre an einander geknüpfft hatte, ich meine die Saite im Holtz und er lag vor mir auf der Erde. Ich nahm den armen Teufel auf und sah ihn eine Zeitlang an mit einem Mitleid als wenn er mein Neben Geschöpf gewesen wäre. Habe Danck, sagte ich ihm, erster unter den Knöpfen, für Deine Dienste. Wer weiß ob ich nun nicht ewig die Hosen heben muß. Ruhe sanfft, ein Philosoph erkennt Deinen Werth, und damit flog er in einen Bach, der unter meinem Fenster wegfließt, so dichterisch als je einer in einem Liedchen gemurmelt oder gerieselt hat.

Wandrer, sieh diesen Hosenknopf, den treusten seines Geschlechts, an, statt über dieses Lob zu lachen, so fühle erst, ob Dir der Deinige noch festsizt, und gehe weiter.

Dieses hat die rechte Hand auch geschrieben, nun muß sie hinter dem Ohr kratzen, und wäre der Feder gerne los, also Dietrich, vermuthlich zum lezten mal aus Osnabrück

bin ich Dein Freund und Diener
G. C. L.

Grüße alle Freunde, durchs gantze Alphabet, auch den Herrn Gumprecht, ob er sich gleich mit einem Gimmel schreibt.

Ich komme zum Schluß. Lichtenberg hat schon ganz früh dem Sudelbuch B anvertraut, er wünsche sich, ein König zu sein, um mit seinen geringen Talenten „Lichtenberg der Große" zu heißen. Und ein paar Seiten weiter (B 402) steht die Notiz:

Ich sehe nicht ein warum nur derjenige Mann bekannt werden soll dessen Fähigkeiten durch viel Lärmen und Schimmer hörbar und sichtbar werden, der nicht ihr eigen ist. Alexanders Genie war ein Funcke, der in ein Pulver Magazin fiel, das aufflog und Asien beben machte, unser Funcke fiel neben vorbey ins feuchte, ich sage nur was hätte das für eine Erschütterung geben können, wenn er auf das Pulver gefallen wäre.

Ich hoffe, mit meinem Vortrag etwas zur Trockenlegung dieses Sumpfes beigetragen zu haben, und gebe einem, auf den Lichtenbergs Funke übergesprungen ist, das letzte Wort: seinem Schüler Alexander von Humboldt, der dem „Verehrungswerthen Herrn Hofrath" am 3. Oktober 1790 diese hehren Sätze widmete:

Erlauben Sie mir, Lieber, Herzlicher Mann! daß ich Ihnen von ganzer Seele Glük [zur Genesung] wünsche. Leben und Tod, Erhaltung und Auflösung organischer Theile, sind im individuellen Menschen- und im Pflanzenleben gleichgültig. Aber ein Leben, wie das Ihrige, dessen erfreut sich, das genießet jeder mit, dem der beglükkende Sinn für Erweiterung der Wahrheit und philosophischer Erkenntniß nicht erstorben ist ... Ich achte nicht bloß auf die Summe positiver Kenntnisse die ich Ihrem Vortrag entlehnte – mehr aber auf die allgemeine Richtung die mein Ideengang unter Ihrer Leitung nahm. Wahrheit an sich ist kostbar, kostbarer aber noch die Fertigkeit, sie zu finden.

Wagner und die Kritiker. Schattenriß von Otto Böhler

Klaus Kirschbaum

DIE „VERKAUFTE" BRAUT

Zur Vorgeschichte einer Auslobung

1. Vorbemerkung

Dieser Beitrag zerfällt in eine lange – vielleicht zu lange – Einleitung, zwei Hauptteile und einen Abgesang. Vorschlag: Sie beginnen mit Hauptteil 1 und entscheiden dann, ob Sie noch zur Lektüre von Hauptteil 2, Einleitung und Abgesang schreiten wollen.

2. Einleitung

Wir haben es eben gehört: „Wo Lichtenberg einen Spaß macht, liegt ein Problem verborgen.“ Nun möchte ich mich zwar einem Vergleich mit Lichtenberg nicht unbedingt aussetzen, habe mir aber doch vorgenommen, Sie in möglichst kurzweiliger Form mit einem Problem und – hoffentlich – auch dessen Lösung vertraut zu machen. Es folgt die letzte Rede dieses Tages.

Nun – wo bleibt der Applaus? Ich brauche ihn gerade an dieser Stelle.

Vielen Dank. So der freundlich von Ihnen gespendete Beifall denn auch meiner Person und nicht nur meiner Ankündigung der letzen Rede gilt, gibt er mir gleich das erwünschte Stichwort.

Euch macht ihr's leicht, mir macht ihr's schwer,
gebt ihr mir Armen zu viel Ehr'.

Damit sind wir schon beim Thema. Ich werde einen musikalischen Vortrag halten. Die Künstler brauchen allerdings nicht zu befürchten, daß ich jetzt selber singen oder in die Tasten greifen werde. Es könnten aus meinen musikalischen Fähigkeiten Rückschlüsse auf meine Fähigkeiten als Verleger gezogen werden.

Wenn ich also „musikalischer Vortrag“ sage, so meine ich einen Vortrag *über* ein musikalisches Thema, über Wort und Musik. Der klassische Ort, wo beides sich trifft, ist, die Oper. Der Titel meines Vortrages läßt ja schon an eine Oper denken. Aber Sie haben natürlich die Gänsefüßchen mitgelesen, vermuten also ganz richtig, daß dieser Verkauf im folgenden keineswegs als gegeben hingenommen, sondern streng hinterfragt werden soll.

Jetzt ist es auch an der Zeit, Sie darüber aufzuklären, daß es sich bei der „verkauften“ Braut keineswegs um die Marie aus Smetanas Oper handelt, sondern um eine andere junge Dame, die seit über 100 Jahren, genau seit dem 21. Juni 1868, allgemein als verkaufte oder zumindest fast schon verkaufte Braut bedauert wird. Dabei ist das Attribut „verkauft“ natürlich nicht wörtlich zu nehmen. Verwiesen sei auf den Untertitel „zur Vorgeschichte einer Auslobung.“ Was ist eine Auslobung? Das ist ein eigentlich nur dem Juristen geläufiger Terminus, bezeichnet aber eine recht alltägliche Sache. Jedem Wettbewerb, jedem Preisausschreiben liegt eine Auslobung zugrunde, d. h. das Versprechen, dem Gewinner einen Preis zu stiften. Und wenn es auch im Kleingedruckten stets heißt „Der Rechtsweg ist ausgeschlossen“, so müssen doch Juristen vorher – das ist gut – und manchmal auch hinterher – das ist schlecht (außer für die Juristen) – die Auslobung auf ihren sachlichen Gehalt hin abklopfen.

Jetzt ahnen Sie vielleicht schon, was einen Juristen dazu verleiten kann, sich an ein Opernthema zu wagen. Nicht alle meine Gäste wissen aber bereits, trotz der nicht von mir, sondern vom Komponisten der fraglichen Oper so überaus glücklich gereimten Eingangsverse („Euch macht ihr's leicht . . .), um welche Oper es sich handelt. Wenn ich weiter sage, daß ich mich zu diesem Wagnis entschlossen habe, obwohl ich nicht den Vorzug genieße,

Mu-
sikus und Poet dazu

zu sein, dann ist der Name der Oper klar. Es handelt sich in der Tat um Richard Wagners „Meistersinger“ und die „verkaufte“ d. h. in Wahrheit ausgelobte Braut, ist des reichen Goldschmieds Veit Pogner einzig Töchterlein Eva, von Hans Sachs liebevoll „Evchen“ genannt.

Warum gerade Richard Wagner und warum gerade die „Meistersinger“? Bitte erlassen Sie mir die Beantwortung des ersten Teils der Frage. Zum Thema „Richard Wagner als solcher“ etwas zu sagen, ist hier nicht der richtige Platz bzw. nicht genügend Platz.

Und die „Meistersinger“? Nun, die Oper lohnt wohl, daß man sich mit ihr beschäftigt, nicht nur vom Musikalischen, auch vom Text her. Dieter Borchmeyer bezeichnet die „Meistersinger“ schlicht als „Gipfelwerk in der Geschichte der deutschen Kommödie“. Wir Deutschen sind ja nicht gerade Weltmeister im Komödienschreiben, haben keinen Molière, keinen Shakespeare, keinen Goldoni zu bieten. Aber wir besitzen dafür die Libretti zu den „Meistersingern“ und zum „Rosenkavalier“, der den „Meistersingern“ viel verdankt. Hugo von Hofmannsthal, der es ja wissen mußte, rühmt den großen Reiz und die große Kraft der Oper „rein als Dichtung genommen.“

Die „Meistersinger“ also „Gipfelwerk“, auch was den Text angeht? Ich bin mir wohl bewußt, daß sich an dieser Stelle die Geister scheiden. Als Wagner-Fan trifft man ja nicht nur auf Gleichgesinnte, so daß man schon manchmal, Meister Pogner variierend, ausrufen möchte

In deutschen Landen viel gereist,
hat oft es mich verdrossen,
daß nicht jedér den Meister preist,
vielén bleibt er verschlossen.

(Man beachte die Hebungen in den beiden letzten Zeilen. Sie weisen schon auf Beckmesser).
Verschlossen bleiben den meisten Hörern insbesondere Richard Wagners Texte. Daß diese Texte auch literarische Qualität haben, beginnt sich erst langsam herumzusprechen. Thomas Mann hat's natürlich schon immer gewußt

Wagner hat der Dichtung Gewaltiges geschenkt, sie mit seinen Werken bereichert – bei denen freilich nie zu vergessen ist, daß sie nicht gelesen werden sollen, nicht eigentlich Sprachwerke, sondern „Musikkunst“ sind, der Ergänzung durch Bild, Gebärde, Musik bedürfen und erst in ihrer aller Zusammenwirken sich als Dichtung vollenden.

Ist diese Vollendung in den „Meistersingern“ geglückt? Das ist strittig. Man will nämlich in der Oper dramaturgische Schwachstellen entdeckt haben, und eine solche vermeintliche Schwachstelle soll im folgenden näher beleuchtet werden. Es geht dabei um die Frage, welcher Teufel wohl den braven Meister Pogner geritten hat, „Eva, sein einzig Kind“ als Preis eines Wettsingens auszuloben. In Endlers Opernlexikon wird der Einfall als „barbarisch“ gerügt. Joachim Kaiser bezeichnet Pogner als „Rabenvater“ und vergleicht die Auslobung Evas mit der Kästchen-Probe im „Kaufmann von Venedig“ (literarisch Gebildete wissen, was gemeint ist). „Was für ein unangemessen hoher Preis für gutes Singen!“
Recht hat er. Hat er Recht? Natürlich nicht. Ich hoffe, im folgenden zeigen zu können, daß die Dinge nicht ganz so einfach liegen, die „Vorgeschichte der Auslobung“ komplizierter ist, als die handelnden Personen – bis auf eine – ahnen. Von einer dramaturgischen Schwachstelle, so das Fazit meines Vortrages, kann jedenfalls keine Rede sein.

Wer Zweifel hat, ob es einem Juristen erlaubt sei, hier den Fachgelehrten ins Handwerk zu pfuschen, dem sei bedeutet, daß sich die entsprechende Lizenz füglich aus dem Gang der Handlung herleiten läßt. Denn was sind die „Meistersinger“ anders als die Geschichte eines Seiteneinsteigers, der es, ewiger Traum des Dilettanten, den Zunftgenossen einmal so richtig zeigt?

Die ersten Takte der „Meistersinger“-Ouvertüre.
Eintragung ins Gästebuch der Frankfurter Liedertafel

Zum anderen fühle ich mich zu einer Ehrenrettung der „Meistersinger“-Dramaturgie insofern berufen, als es sich inzwischen herumgesprochen haben dürfte, daß man Richard Wagner keineswegs allein den Musikwissenschaftlern überlassen darf. Peter Wapnewski hat das „Recht des Philologen“ auf Wagner postuliert. Ich nehme das „Recht des Juristen“ in Anspruch.
Nun haben sich die Juristen Richard Wagners, insbesondere der „Ring“-Tetralogie, schon ohne viel Fragens bemächtigt. Ernst von Pidde hat beispielsweise den „Ring“ als „Abfolge orchestral aufgeputzter Straftatbestände“ entlarvt; in der Festschrift für Stein findet sich Wiesers gelehrte Abhandlung zum Thema „Der Ring des Nibelungen im Licht des Zivilrechts“. Paul Lindau hat den „Ring“ wiederum vom strafrechtlichen Standpunkt aus betrachtet, wobei er zu folgendem Ergebnis gelangt

Von der gelinden Überschreitung gegen das Polizeigesetz bis zum schweren Verbrechen – der „Ring des Nibelungen“ faßt alles in sich. Man könnte gleich mit dem Baden am unerlaubten Ort

(Rheingold erste Szene) beginnen und über die groben Injurien (zwischen Alberich und den Rheinmädchen) zu dem Raube (des Goldes) übergehen. In der „Walküre" bietet sich uns der interessante Fall des Ehebruchs in idealer Konkurrenz mit Blutschande (Siegmund und Sieglinde). Ferner Zweikampf ohne Zuziehung von Zeugen (Siegmund und Hunding). In „Siegfried" haben wir Tierquälerei (die Hatz des Bären auf Mime), Wilddieberei (Tötung des Lindwurmes ohne Jagdschein), Mord und Totschlag (Mime durch Siegfried), Konkubinat (Brünnhilde und Siegfried); in der „Götterdämmerung": Ehebruch in idealer Konkurrenz mit Bigamie (Siegfried, Gutrune und Brünnhilde), Meineid (Siegfried oder Brünnhilde), unbefugte Ausübung der ärztlichen Praxis und Verkauf von Geheimmitteln (Gutrune), Mord (Siegfried durch Hagen) und Brandstiftung (in der Gibichungen-Halle durch Brünnhilde).

Das ist lustig, erhebt sich aber nicht wesentlich über das Niveau einer Kneipzeitung. Hätte ich als Jurist nur solches zum Thema beizusteuern, hielte ich besser den Mund.
Damit stellt sich die Frage: Was kann ein Jurist? Ich will hier nicht das Lob der Juristen singen, (obwohl auch die ihre Streicheleinheiten brauchen). Den anwesenden Juristen würde ich nichts Neues sagen, und die Nicht-Juristen würden mir, fürchte ich, sowieso nicht glauben. Einigen wir uns darauf, daß ein Jurist in besonderem Maße zur Streitentscheidung berufen ist. Um einen Streit entscheiden, d. h. beilegen zu können, muß in aller Regel geklärt werden, wie er entstanden ist, sonst weiß man nicht, worum es den Parteien wirklich geht. Es heißt also, einigermaßen geduldig zu versuchen, hinter die Motive der handelnden Personen zu kommen. Dabei mag sich dann herausstellen, daß wortreiche Erklärungsversuche in Wirklichkeit nur Schutzbehauptungen sind. Das ist eine vornehme juristische Umschreibung für das, was auf Plattdeutsch schlicht heißt: Hei lücht!
Was das mit den „Meistersingern" zu tun hat? Ganz einfach. In dieser Oper sagen die Hauptpersonen in zentralen Situationen nicht das, was sie tatsächlich meinen, im Gegenteil. Egon Voss spricht deshalb von einer „Dramaturgie der Unaufrichtigkeiten". Ich möchte lieber von einer „Dramaturgie der Täuschungen" reden. Das scheint auf den ersten Blick nur eine kleine semantische Spielerei zu sein, aber der Unterschied ist wichtig, warum, werden wir gleich sehen.
So, das war die Einleitung, einigermaßen lang, aber ich hatte ja alle Gutwilligen gewarnt. Vielleicht hat sie aber doch den einen oder

anderen neugierig auf den Hauptteil gemacht, und dieser soll nun ohne schuldhaftes Zögern folgen. „Fanget an! So ruft der Merker."

3. Hauptteil 1

Ein kurzer Abriß der Handlung mag an dieser Stelle nicht unwillkommen sein. Emil Platen hat die verwickelte Geschichte auf den Punkt gebracht.

Der ebenso wohlhabende wie kunstbeflissene Nürnberger Goldschmied Pogner hat als Beweis seiner „Kunstgewogenheit" seine Tochter und einzige Erbin Eva als Preis für eine besondere künstlerische Leistung ausgesetzt. Der Kreis der Bewerber ist eng gezogen. „Ein Meistersinger muß er sein...", der beim traditionellen „Werb- und Wettgesang" am Johannistag zum Sieger erklärt wird. Der von heftiger Leidenschaft zu Eva erfaßte Ritter Walther von Stolzing sieht keine andere Möglichkeit, die Braut zu erringen, als sich um Aufnahme in die Zunft der Meistersinger zu bewerben, um damit die Zulassung zum Wettsingen zu erhalten. Sein Versuch scheitert; Hauptgrund ist die Unvereinbarkeit der künstlerischen Auffassungen: Der Gegensatz zwischen seiner genialen, aber ungebändigten Individualität und dem gelehrten, doch pedantisch regulierten Formalismus der Meistersinger. Ein weiterer Grund für den Mißerfolg ist aber auch der offensichtliche Widerstand des Stadtschreibers und „Merkers" Beckmesser (des Hauptgutachters bei der Aufnahmeprüfung), der sich selbst um den Preis bewerben will, daher in dem Junker einen bedrohlichen Rivalen wittert und ihn mit geradezu feindseliger Strenge behandelt und beurteilt. Dies ärgert den Schuhmachermeister Hans Sachs, dessen Urteilsfähigkeit nicht durch den Akademismus der Zunft getrübt ist und der Walthers Begabung ebenso hervorhebt, wie er Beckmessers Parteilichkeit anprangert. Daraus ergibt sich eine Auseinandersetzung, die teilweise auch zu Anzüglichkeiten führt und eine wechselseitige Verärgerung bei den Kontrahenten auslöst.
Nach diesen Vorkommnissen scheint die Situation für Walther – und Eva, die mit ihm einig ist – aussichtslos; beide denken an Flucht, Sachs, der das gewahrt, sucht es zu verhindern. Als Mittel dient ihm der auf offener Straße – vor Pogners und seinem eigenen Haus – fortgeführte Konflikt mit Beckmesser. Dieser möchte nämlich die Wirkung seines eigenen Werbeliedes in Form eines Ständchens für Eva erproben. Sachs verzögert dessen Vortrag auf wenig vornehme Weise und drängt sich schließlich als „Merker" auf, wobei er die Regelverstöße mit dem Schusterhammer markiert. Die Heimzahlung der voraufgegangenen Anwürfe Beckmessers ist so vollständig wie maßlos, da sich der immer lauter werdende Disput durch Eingreifen des Lehrbuben David und der Anwohner

schließlich zu einer Massenprügelei steigert, bei der Beckmesser besonders schlecht wegkommt. Während des Tumults gelingt es Sachs, die Flucht des Liebespaares zu verhindern und den Ritter in seine Werkstatt zu ziehen.

Nachdem beide Bewerber in der Vorrunde ohne Erfolg geblieben sind, versuchen sie im 3. Aufzug einen Neuansatz: Walther kreativ, von Sachs ermuntert und beraten, mit der Liedfassung eines Traumes, dessen formale Gestaltung auf die Regeln der Meistersinger Rücksicht nimmt, ohne die eigene Natur des Dichters zu verleugnen, Beckmesser aber auf unschöpferische Weise, durch ein von Sachs insinuiertes und listig verschleiertes Plagiat des eben entstandenen Traumliedes. In der Schlußszene kommt es zum öffentlichen Wettsingen, bei dem der Stadtschreiber mit dem Vortrag des entwendeten Liedes vollständig durchfällt, weil er es – wie Sachs vermutet hatte – aus Unverständnis völlig entstellt. Der hieraus resultierende neue Wortwechsel gibt Sachs Gelegenheit, Walther als den wahren Autor vorzustellen, der mit seiner Darstellung Volk und Meistersinger überzeugt, so daß ihm der Preis zuerkannt wird.

Das also ist die Handlung, und schon aus dieser knappen Zusammenfassung ergibt sich, was unter Dramaturgie der Unaufrichtigkeiten bzw. der Täuschungen zu verstehen ist. Gehen wir einmal die Protagonisten durch, so wie Egon Voss sie schildert.
Walther von Stolzing teilt Pogner nicht etwa mit, daß er Eva liebt und heiraten will, sondern spielt stattdessen den Kunstenthusiasten, der sich nichts sehnlicher wünscht als die Aufnahme in die Meisterzunft.

> Was mich nach Nürnberg trieb,
> war nur zur Kunst die Lieb'.

Eva ist unaufrichtig in ihrem Gespräch mit Sachs (4. Szene des 2. Aufzuges). Sie macht ihm Avancen, fordert ihn sogar unverblümt auf, sich am Wettsingen, dessen Preis sie ist, zu beteiligen. Dabei geht es ihr nur um Walther, vor allem darum zu erfahren, wie es mit Walthers Probesingen ausgegangen ist.
Sachs zahlt ihr in gleicher Münze heim. Er spiegelt ihr Solidarität mit den Meistern der Zunft vor, gibt sich sogar als Gegner Walthers aus. Die ausweglose Lage, in der sich Eva nach diesem Gespräch befindet, ist das Produkt von Sachsens Unaufrichtigkeit.

Natürlich ist auch Beckmesser an der Dramaturgie der Täuschungen beteiligt. Im 2. Aufzug verschweigt er Sachs, daß er Eva ein

Ständchen bringen möchte, und trägt später keine Bedenken, ein fremdes Lied als das eigene auszugeben. Sachs mischt da noch einmal kräftig mit, indem er verspricht, sich nie rühmen zu wollen, Walthers Lied sei von ihm, Sachs, verfaßt.

„Er lockt Beckmesser bewußt in eine Falle, und das Happy-End für Walther und Eva hängt unmittelbar mit dieser Unaufrichtigkeit zusammen."

Bleibt noch zu erwähnen, daß auch die Nebenfiguren sich ranhalten. Man denke an den Kleidertausch zwischen Eva und ihrer Amme Magdalene, und mit der Liebe des Lehrjungen David zur alternden Magdalene ist es wohl auch nicht weit her (Wagner selbst spricht drastisch von einem „Freßverhältnis").

Die Meistersinger also eine Komödie der Irrungen und Wirrungen. Aber einen gibt's, der unter all' diesen Möchtegern-Intriganten fest und bieder, treu und deutsch seinen Weg geht, vielleicht weil es ihm einfach an der nötigen Finesse mangelt. Das ist nicht etwa Hans Sachs, der nach dem eben Gesagten eher den „Tarnern und Täuschern" zuzurechnen ist, sondern Meister Pogner, derselbe, der durch seine rabenväterliche Auslobung die ganze Geschichte erst in Gang gebracht hat.

Sollte man meinen. Aber auch Meister Pogner, und da kommen wir zum Kern meiner Überlegungen, nimmt an dem allgemeinen Täuschungsmanöver teil.

Und deshalb darf ich jetzt ganz meistersingerhaft die Preisfrage stellen: Wen täuscht Meister Pogner? Mit der richtigen Antwort löst sich die vermeintlich größte dramaturgische Schwachstelle des Werkes in eitel Wohlgefallen auf.

Also noch einmal: Wen täuscht Meister Pogner? Strengen Sie ruhig Ihre grauen Zellen an und denken Sie daran, was ich eben gesagt habe: Nicht Dramaturgie der Unaufrichtigkeiten, sondern Dramaturgie der Täuschungen. Man kann ja subjektiv völlig aufrichtig sein, und doch jemanden täuschen. Wer ist dieser Jemand? Ganz einfach: Pogner täuscht sich selbst.

Pogner täuscht sich gewaltig, wenn er glaubt, die Idee mit der Auslobung (nebst feierlicher Begründung) sei auf seinem Mist gewachsen. Aber hören wir im Zusammenhang, was der Goldschmiedemeister selbst dazu zu sagen hat.

Es geht dabei um die von Pogner ins Auge gefaßte ganz spezielle Ausgestaltung des Johannisfestes, das am morgigen Tag „bei Spiel und Tanz im Lustgelag'" gefeiert werden soll (1. Aufzug 3. Szene, die „Auslobungsszene").

Zu einem Werb- und Wettgesang
gestellt sind Siegespreise,
und beide preist man weit und lang,
die Gabe wie die Weise.
Nun schuf mich Gott zum reichen Mann;
und gibt ein jeder, wie er kann,
so mußte ich wohl sinnen,
was ich gäb' zu gewinnen,
daß ich nicht käm' zu Schand': –
so hört denn, was ich fand.
In deutschen Landen viel gereist,
hat oft es mich verdrossen,
daß man den Bürger wenig preist,
ihn karg nennt und verschlossen.
An Höfen, wie an niedrer Statt,
des bittren Tadels ward ich satt,
daß nur auf Schacher und Geld
sein Merk der Bürger stellt'.
Daß wir im weiten deutschen Reich
die Kunst einzig noch pflegen,
dran dünkt ihnen wenig gelegen.
Doch wie uns das zur Ehre gereich',
und daß mit hohem Mut
wir schätzen, was schön und gut,
was wert die Kunst, und was sie gilt,
das ward ich der Welt zu zeigen gewillt;
drum hört, Meister, die Gab'
die als Preis bestimmt ich hab'!
Dem Singer, der im Kunstgesang
vor allem Volk den Preis errang,
am Sankt Johannistag,
sei er, wer er auch mag,
dem geb ich, ein Kunstgewog'ner,
von Nürnberg Veit Pogner,
mit all' meinem Gut, wie's geh' und steh',
Eva, mein einzig Kind, zur Eh'!

Die arme Eva! Der Kreis der Heiratskandidaten ist nämlich keineswegs so groß, wie man nach dieser fulminanten Ansprache meinen möchte. Als Schwiegersohn genehm ist nicht etwa jeder gute Singer und Dichter, „ sei er, wer er auch mag". Nein, wir wissen es bereits aus dem einleitenden Dialog zwischen Eva und Walther. „Ein Meistersinger muß er sein!"

Wohlgemerkt, der Kandidat muß bereits als Meistersinger antreten. Seiteneinsteiger wie Walther sind keineswegs willkommen, und so bewirbt sich dieser zuvor noch schnell, aber vergeblich, um Aufnahme in den Verein der Approbierten.
Diese beschränkte Ausschreibung (durchaus doppelsinnig gemeint), reduziert den Kreis der Auserwählten allerdings in peinlicher Weise, sowohl von der Zahl, als auch von der Attraktivität der Kandidaten her. Dabei sollte die Attraktivität nicht nur mit den Augen Evas, sondern von rechtswegen auch mit den Augen ihres Vaters gesehen werden. Nicht nur die Tauglichkeit des Kandidaten als Ehemann, auch die als Schwiegersohn gilt es – bei aller Liebe zur Kunst – zu bedenken. Will Pogner wirklich aus dem Gremium seiner Sangesbrüder einen Schuster, Kürschner, Spengler, Schreiber, Bäcker, Zinngießer, Würzkrämer, Schneider, Seifensieder, Strumpfwirker, Kupferschmied – alles achtbare Berufe, gewiß – zum Eidam? Liegt ihm sowenig daran, das doch offenbar gutgehende Geschäft mit einem honetten Schwiegersohn fortzusetzen?

Auch wenn wir unterstellen, daß ein Zinngießer, ein Kupferschmied oder zur Not noch ein Spengler die Voraussetzungen mitbrächten, um sich im Laufe der Jahre zum Goldschmied hochzudienen – wissen wir denn, ob gerade die Herren Zorn, Foltz und Nachtigall überhaupt noch zu haben sind? Über den Familienstand der einzelnen Meistersinger sind wir nämlich nur sehr dürftig unterrichtet. Sachs ist Witwer, Beckmesser Junggeselle, Vogelgesang, wenn ich seine auf die Ankündigung Pogners folgende Reaktion „Wer möchte da nicht ledig sein!" richtig deute, Ehemann. Und die übrigen?
Daß Stadtschreiber Beckmesser, der einzige „Studierte" unter den Meistern, noch ledig ist, mag hingehen. Doch seltsam wäre es schon, wenn nicht die übrigen Meister durch die Bank gestandene Ehemänner wären. Der Junggeselle dürfte in diesem Kreis jedenfalls eine seltene Spezies sein. Unsere dahingehende Vermutung bestätigt Sachs (2. Aufzug 4. Szene) mit den Worten:

> Ein Junggesell', –
> 's gibt deren wenig dort zur Stell'.

Mancher mag diese Erwägungen als ungehörig empfinden. Werden wir damit Meister Pogners bedeutendem und so bedeutsam vorgetragenen Entschluß gerecht? Egon Voss nimmt jedenfalls die Auslobung sehr ernst. Nach seinen Worten spielt Pogner

die Rolle dessen, der das Bild vom Bürger zurechtzurücken versucht. Er will das allgemein bestehende Urteil, daß der Bürger nur auf Schacher und Geld aus sei, revidieren. Sein Erbe soll ein Künstler sein, nicht einer, der bloß das Erbe mehrt im Sinne von Schacher und Geld. Pogner möchte den Führungsanspruch des Bürgertums durch seine Tat legitimieren.

Das hört sich fast so gravitätisch an wie Pogners Rede. Ist das nicht doch arg um die Ecke gedacht? Sollte Vater Pogner wirklich das Glück seines einzigen Kindes für eine solch' hohle Genugtuung aufs Spiel setzen? Oder ist Pogner etwa doch ein Intrigant? Fehlt es vielleicht in der Zunft an Freiern für das schöne und – ausdrücklich wird's gesagt – reiche Goldschmiedstöchterlein? Ist Pogner gezwungen, woanders zu suchen?
Fast möchte man's meinen, denn was folgt auf Pogners pompöse Ankündigung? Etwas, das keiner Oper zu Zierde gereicht: heiße Luft!
Zwar ruft Meister Kothner anfangs noch tapfer

Auf, ledig Mann!
Jetzt macht Euch 'ran!

Doch dieser Appell verhallt offenbar ungehört. Die Reaktion der Meister auf die Auslobung ist, sit venia verbo, eindeutig „tote Hose". Und als Kothner es später noch einmal versucht

Wer schreibt sich als Werber ein?
Ein Junggesell' muß es sein.

da meldet sich kein einziger Junggesell' (auch Beckmesser scheint zu meinen, daß seine vertrauliche Ankündigung Pogner gegenüber genügen müsse). Nun gut, so eine Werbung will überlegt sein, vielleicht hat auch nicht jeder gleich das passende Lied parat und muß zuhause erst einmal nachsehen, ob sich etwas Präsentables findet . . . Aber wie steht's am nächsten Tag auf der Festwiese? Da werden die Bewerber doch nur so strömen! Weit gefehlt. Als Kothner dort mit starker Stimme ruft

Ihr ledig' Meister, macht Euch bereit!

da ist außer Beckmesser offenbar keiner bereit anzutreten, jedenfalls macht sich keiner bemerkbar, kein Nürnberger und auch kein befreundeter Sangesbruder aus einem anderen Städtchen. „Mädel von Fürth", ja die sind da – aber keine Meister von Fürth.

Ein Preissingen mit nur einem Kandidaten – eine Auslobung, die gründlich daneben gegangen ist. Die zuvor von Sachs mit warmen Worten vorgestellte Eva nebst ihres Vaters Vermögen findet offenbar kein Interesse.

Ja, merkt das denn keiner und schreit „Buh" oder gar „Schiebung"? Aber wer sollte denn schreien? Dem Nürnberger Volk kann nichts auffallen. Es weiß ja nicht, ob die Meistersinger nicht noch andere Kandidaten in petto haben, und wir Zuschauer sind auch fein still, denn wir wissen, daß ein weiterer Kandidat in Reserve steht. Ihn gilt es nur noch, auf schickliche Art in den Wettbewerb einzuschleusen, den Junker Walther von Stolzing.

Durch diesen dramaturgischen Kunstgriff oder – bei allem Respekt sei's gesagt – Kniff, läßt uns Wagner die äußerst wackelige Konstruktion der Auslobung vergessen. Deshalb noch einmal zur Verdeutlichung: Der 2. Kandidat, Walther, ist nur ein Seiteneinsteiger. Er hat mit deren ursprünglichem Konzept nicht das Geringste zu tun.

Einen Deus ex machina einzuführen, um das Geschehen auf der Bühne voranzubringen, gilt dramaturgisch nicht als besonders fein. Aber durch das elegante Plädoyer Sachsens („Drum laßt mich meinen Zeugen ausersehn"), den glänzenden Auftritt Walthers, wird diese Schwierigkeit überspielt. Wer wollte sich nach dem einmütigen Urteil von Zunft und Volk jetzt noch in den Ring wagen? Er wäre wohl auch zu spät dran, denn soeben hat die Jury den Wettbewerb offiziell für beendet erklärt („Reich ihm das Reis, sein der Preis!").

Das Verfahren ist anfechtbar. Kothner müßte erst erkunden, ob sich noch jemand präpariert hat. Natürlich sind wir mit der gesamten Festversammlung der Meinung, daß „keiner wie er [Stolzing] zu werben weiß". Trotzdem, wie würde Meister Kothner wohl reagieren, wenn plötzlich noch jemand „zur Stell'" riefe? Aber natürlich kommt keiner mehr. Die Oper ist zuende.

Zuende? Nein, noch nicht ganz. Das Ende des Wettstreits wird nämlich kunstvoll hinausgezögert. Walthers Weigerung „Nicht Meister! – Nein" gibt nicht nur Sachs die Gelegenheit zu seiner großen Schlußansprache. Es hält uns auch in der Spannung des

„Wer wird gewinnen?“ Der Wettbewerb ist plötzlich wieder offen. Ring frei für Walther gegen Walther!

Am Konstruktiven ändert Walthers Ausbruchversuch jedoch nichts: Sachs macht das Preissingen durch das Einschleusen Walthers erst zum richtigen Wettbewerb. Dieser schließt ihn durch seinen rauschenden Erfolg auch schon ab.

Aber gibt es denn nach dem Gesagten überhaupt ein schlüssiges Konzept der Auslobung, ein Konzept, das sich auch ohne Walthers Hinzutreten bewährt hätte? Natürlich gibt es ein Konzept, sogar ein sehr schlüssiges. Wir haben nämlich einen dritten Kandidaten für die schöne Eva, oder doch wenigstens den zweiten, wenn man vom ursprünglichen Konzept der Auslobung ausgeht. Wer ist dieser Kandidat? Das ist kein Geheimnis. Beckmesser sagt es geradeheraus, mit der Hellsichtigkeit des glücklosen Rivalen. Kehren wir noch einmal zur Auslobungsszene in die Katharinenkirche zurück. Kothner fragt, wie schon zitiert,

> Wer schreibt sich als Werber ein?
> Ein Junggesell' muß es sein.

Darauf Beckmesser

> Vielleicht auch ein Witwer? Fragt nur den Sachs!

Aha! Da hat er natürlich recht, der Herr Stadtschreiber. Auch Witwer kommen infrage. Hören wir, was der Angesprochene zu erwidern hat.

> Nicht doch, Herr Merker! Aus jüngrem Wachs,
> als ich und ihr muß der Freier sein,
> soll Evchen ihm den Preis verleihn.

Sachs also doch kein Kandidat? Oder sagt er etwa (auch) an dieser Stelle nicht ganz die Wahrheit (auf gut rheinisch: nur die einfache Wahrheit)? Ist Sachs sehr wohl bereit, um Eva zu werben, möchte sich aber noch nicht in die Karten gucken lassen? Denn bis jetzt weiß Sachs ja nicht, daß Eva und Walther sich lieben. Für die Entsagungszene ist es noch zu früh.

Fragen über Fragen, aber wir brauchen sie glücklicherweise nicht zu beantworten. Sachs ist an dieser Stelle nicht die Hauptfigur. Eine andere Person zieht die Fäden, und wer das ist, das wollen wir nun unter Einsatz kriminalistischen Scharfsinns herausbringen.

Wagner und die Kritiker. Karikatur aus Kikeriki, Wien 1883

Dazu wollen wir noch einmal rekapitulieren. Die Oper hat nach dem eben Gesagten nicht nur eine, sondern sogar zwei dramaturgische Schwachstellen, die beide mit der Auslobung zusammenhängen. Zum einen sind die Beweggründe Pogners nur schwer nachzuvollziehen. Was ihn dazu bewogen hat, das Glück seines einzigen Kindes kalten Herzens aufs Spiel zu setzen, bleibt trotz seiner wohlgesetzten Begründung unerfindlich. Zum anderen wird die Auslobung selbst zur Farce, wenn sich nur ein einziger Kandidat, eben Beckmesser, offiziell bewirbt.
Aber das ist nur die vordergründige Version der Auslobung, die Version Meister Pogners. Und dieser täuscht sich, wie schon gesagt, ganz gewaltig über das, was hier gespielt wird. Mit einem Satz: Er glaubt zu schieben, und er wird geschoben.
Von wem? Doch von einer Person, die sich von dem durch Pogner inszenierten Wettsingen etwas verspricht und ihm deshalb die ganze Sache – einschließlich der gewaltigen Begründung – eingeblasen hat.
Wer könnte das sein? Bevor wir das „cui bono?" zu beantworten suchen und daraufhin die einzelnen Protagonisten durchgehen, sollten wir uns nach guter kriminalistischer Manier über das „wie" Gedanken machen. Wer war wohl in der Lage, dem guten Pogner

eine so abstruse Idee in den Kopf zu setzen? Gewiß nur jemand, mit dem er Umgang pflegt, der also die Chance hat, in dieser streng ständisch gegliederten Gesellschaft überhaupt an ihn heranzukommen. Außerdem muß es eine Person sein, der er vertraut, auf deren Urteil er etwas gibt, sonst ist die schönste Beredsamkeit verloren.

Mit diesen Prämissen scheiden einige Nebenfiguren aus, so der Lehrjunge David, die Jungfer Lene. Sicher scheidet auch Walther von Stolzing aus. Zum einen kennt Pogner ihn erst seit kurzem, zum anderen ist die Vorstellung abenteuerlich, daß Walther die Auslobung, von der er doch mit offenkundiger Überraschung erst auf der Bühne erfährt, heimlich vorher in Szene gesetzt haben sollte. Soviel Verstellung ist diesem eher schlichten Gemüt kaum zuzutrauen.

Die anderen Meister, von Sachs und Beckmesser einmal abgesehen, kommen auch nicht infrage. Zwar stehen sie dem Kollegen Pogner gewiß nahe, wir können annehmen, daß er ihrem Urteil – auch ihren Einflüsterungen – Gehör schenken würde. Aber wir wissen einfach zuwenig über sie, und Tatsache ist auch, daß sich letztendlich keiner um Evchens Hand bewirbt – und eine solche Bewerbung wäre denn doch der Zweck der Übung gewesen.

Und wie steht's mit unserem offiziellen Bewerber, dem Herrn Stadtschreiber Sixtus Beckmesser? Immerhin ist er der einzige unter den Sangesbrüdern, der schon vor der öffentlichen Ankündigung durch Pogner von der Auslobung weiß. Zu Beginn der Szene versichert Pogner ihm

> Seid meiner Treue wohl versehen,
> was ich bestimmt' ist euch zu nutz:
> im Wettgesang müßt ihr bestehen,
> wer böte euch als Meister Trutz?

Beckmesser bekleidet immerhin das Ehrenamt des Merkers in der Meistergesellschaft, kann sich also, was die Verfertigung eines Meisterliedes angeht, einiges zutrauen („Beckmesser, keiner besser“ so schätzt er sich selbst ein). Daß er als Stadtschreiber (einem Juristen vergleichbar) allenfalls auch im Intrigen- und Ränkespiel erfahren ist, ließe sich vermuten, wenn er es uns durch die bedenkenlose Aneignung fremden Eigentums (Walthers Traumlied) nicht noch eigens demonstrieren würde.

Und doch fällt es schwer, sich Beckmesser als den „Einbläser“ vorzustellen. Wenn es ihm nämlich gelungen wäre, Pogner die ganze Auslobung einzureden, warum soll es ihm dann nicht gelingen, ihm auch etwas auszureden, nämlich den Passus, daß Eva bei der Entscheidung das letzte Wort haben soll (wenn auch nur im Sinne einer Negativoption: „Den oder keinen.“). Überlegen Sie bitte: Beckmesser möchte Eva heiraten, ist sich aber ihres Jawortes nicht so sicher. Er überredet deshalb Pogner zu dieser Auslobung, liefert ihm auch gleich eine ihm, Pogner, einleuchtende Begründung mit. Es geschehe alles, um den „Führungsanspruch des Bürgertums“ zu legitimieren usw. Und jetzt soll Beckmessers flinke Zunge versagen, wenn es darum geht, das letzte Hindernis, Evas ausschlaggebende Stimme, hinwegzudisputieren?

Abgesehen davon wäre die dem armen Pogner von Beckmesser eingeblasene Begründung gerade in seinem, Beckmessers, Fall besonders töricht. Denn um eine Heirat zu bewerkstelligen zwischen Eva und Beckmesser, der vom Range her hochwillkommen sein müßte („Frau Stadtschreiberin“ – welch schöner Titel!) bedarf es des ganzen Brimboriums nicht. Pogner macht sich ja lächerlich, wenn er so tut, als ob er wie Diogenes mit der Laterne unterm Volk einen Heiratskandidaten suchen müßte, und dieser Kandidat ist längst gefunden, und standesgemäß ist er auch – selbst Pogner müßte merken, daß er sich mit seiner Auslobung im Kreise dreht!

Nein, Beckmesser ist mein Kandidat als Fädenzieher nicht. Aber wie steht's mit Sachs? Die Urheberschaft an der Auslobung wurde ihm zwar bereits abgesprochen, doch die Begründung bleibt nachzuliefern. Denn daß er Gelegenheit hat, auf seinen Freund und Nachbarn Pogner einzuwirken, steht außer Frage. Daß dieser Sachsens Rat schätzt, wird an mehreren Stellen der Oper deutlich. Zweite Frage also: cui bono? Was hätte Sachs von dieser Auslobung? Da fällt die Antwort nicht schwer. Es geht immerhin um Evchens Hand, und daß Sachs sie liebt, sagt er uns deutlich, auch wenn er letztendlich auf sie verzichtet. Daß er sich wohl zutrauen kann, das Wettsingen zu gewinnen, bescheinigt ihm sogar sein ärgster (vermeintlicher) Konkurrent, Beckmesser. Sachs ist zwar kein „Studierter“, aber vom Intrigieren versteht er ebensoviel wie vom Komponieren, das wurde schon gesagt.

Aber warum nur sollte Sachs diese Komödie inszenieren? Daß Eva ihn ebenfalls liebt, müßte er als väterlicher Freund – wobei die

Betonung nicht allzusehr auf „väterlich“ liegen sollte – eigentlich wissen. Daß er Pogner als Schwiegersohn nicht willkommen wäre, dafür spricht nichts. Weder sein Alter (40 bis 45 Jahre werden ihm gegeben) noch sein Beruf sollten dem im Wege stehen (Das Thema „Beruf des Schwiegersohns“ soll hier nicht wieder aufgewärmt werden. Jedenfalls ist Schuster gewiß nicht weniger passend als Würzkrämer oder Seifensieder). Was soll Sachs also hindern, das erlösende Wort zu sprechen, um Evas Hand anzuhalten? Er hat Umwege nicht nötig.

Noch etwas anderes spricht gegen Sachs als Fädenzieher. In der Versammlung der Meister wird er offenbar von Pogners Ankündigung völlig überrascht. Er begrüßt sie auch nicht vorbehaltlos, sondern versucht noch, Änderungen anzubringen. Das gelingt ihm aber ebensowenig wie vorher Beckmesser. Deshalb gilt für Sachs mutatis mutandis dasselbe wie für den Stadtschreiber. Hätte Sachs dem Pogner die ganze Sache eingeblasen, hätte er es jetzt nicht nötig, noch auf Modifikationen zu dringen.

Ich habe Ihnen den großen Unbekannten versprochen. Aber von den Herren, die wir Revue passieren ließen, kommt offenbar keiner für diese Rolle infrage. Wir sind wieder beim Ausgangspunkt. Hat der alte Pogner sich etwa doch alles selbst ausgedacht? Bleibt es bei der dramaturgischen Schwachstelle?

Die letzte Frage haben Sie ohne große Mühe als eine rhetorische erkannt. Es wäre ja wohl auch kaum ratsam, sich in dieser Ausführlichkeit über ein Thema zu verbreiten, wenn man nicht eine Lösung anzubieten hätte. Natürlich gibt es den Fädenzieher, nur ist es eben eine Fädenzieherin, die gute unschuldige Eva.

Eva, wer sonst? Ein kurzes Frage-und-Antwort-Spiel wird deutlich machen, wie tief die Dame in die Geschichte verstrickt ist.

Welchem Geschlecht werden besondere Fähigkeiten zugeschrieben, was das Intrigieren in Herzensdingen angeht? Dem weiblichen.
Wer ist ein Weib?
Eva
(Das war zugegeben noch etwas dünn, gleich kommt es besser).
Wer wohnt mit Pogner unter einem Dach, hat also die beste Gelegenheit, ihn zu beeinflussen?
Eva

Wer kann ihn – als einzige Tochter – um den Finger wickeln?
Eva

Wer weiß, daß Beckmesser sie heiraten möchte?
Eva

Wer weiß, daß sie Beckmesser keinesfalls heiraten möchte?
Eva

Wer liebt Sachs von jeher, wollte ihn schon als Kind heiraten, ist ihm treugeblieben, bis plötzlich dieser Junker auftauchte?
Eva

Wer weiß bzw. wußte nicht so recht, ob sich der „väterliche" Freund ganz ohne sanfte Nachhilfe zu einer Werbung entschließen würde?
Eva

Wer ist fest davon überzeugt, daß Sachs sie liebt, jedenfalls genugsam liebt, um zu verhindern, daß sie mit einem ungeliebten Manne vermählt wird oder gar ledig bleiben muß?
Eva

Wer hat sich deshalb etwas ausgedacht, um die Dinge in Bewegung zu bringen, indem sie den trägen Sachs an seiner Ehre als Sänger packt?
Eva

Wer gibt ihm gleichzeitig Gelegenheit, es mit einem Preislied seinem gelehrten Sangesbruder Beckmesser, der ihn offenbar gern als dummen Schuster verspottet, einmal so richtig heimzuzahlen?
Eva

Wer hat sich die letzte Entscheidung über die Preisvergabe vorbehalten, damit auch wirklich nichts anbrennen kann?
Eva

Ich will hier abbrechen, will auch darauf verzichten, Texte aus der Oper als Belege anzuführen. Wer mit offenen Augen liest, findet sie selbst. Nur mit einer Szene müssen wir uns noch näher beschäftigen, und zwar deshalb, weil man als Kriminaler genausogut die Pflicht hat, entlastendes Material zu berücksichtigen. Auch wenn wir gerade Eva als Oberintrigantin entlarvt haben, gebietet es doch die Fairness, ihr dort Gerechtigkeit widerfahren zu lassen, wo sie ehrlich ist.

Es geht natürlich um die 4. Szene des 2. Aufzuges, Schlüsselszene für das Verhältnis Eva-Sachs und in ihrer Ausdeutung heftig umstritten (doch davon später). Sie erinnern sich, daß ich einleitend Egon Voss mit seiner Behauptung zitiert habe, daß Eva in diesem Gespräch unehrlich sei. Sie mache Sachs Avancen, fordere ihn sogar unverblümt auf, sich am Preissingen zu beteiligen. Dabei gehe es ihr nur darum zu erfahren, wie es mit Walthers Probesingen ausgegangen sei.

Aber natürlich ist Eva an dieser Stelle ehrlich, sogar verzweifelt ehrlich. Nur will ihr das Geständnis, daß sie für das ganze Desaster verantwortlich ist, schwer über die Lippen, gerade Sachs gegenüber. Aber sie versucht es tapfer. Hier der Dialog.

SACHS [über Beckmesser] Er hofft, dich sicher zu ersingen.
EVA Wieso denn der?
SACHS Ein Junggesell', –
's gibt deren wenig dort zur Stell'.
EVA Könnt's einem Witwer nicht gelingen?
SACHS Mein Kind, der wär zu alt für dich.
EVA Ei, was! Zu alt? Hier gilt's der Kunst,
wer sie versteht, der werb' um mich.
SACHS Lieb' Evchen, machst mir blauen Dunst?
EVA Nicht ich, ihr seid's, ihr macht mir Flausen!
Gesteht nur, daß ihr wandelbar.
Gott weiß, wer euch jetzt im Herzen mag hausen!
Glaubt' ich mich doch drin so manches Jahr.
SACHS Wohl, da ich dich gern auf den Armen trug?
EVA Ich seh, 's war nur, weil ihr kinderlos.
SACHS Hatt' einst ein Weib und Kinder genug.
EVA Doch, starb eure Frau, so wuchs ich groß?
SACHS Gar groß und schön!
EVA Da dacht' ich aus,
ihr nähmt mich für Weib und Kind ins Haus?
SACHS Da hätt' ich ein Kind und auch ein Weib!
's wär' gar ein lieber Zeitvertreib!
Ja, ja! Das hast du dir schön erdacht.
EVA Ich glaub', der Meister mich gar verlacht?
Am End' auch ließ' er sich gar gefallen,
daß unter der Nas' ihm weg vor allen
der Beckmesser morgen mich ersäng'?
SACHS Wer sollt's ihm wehren, wenn's ihm geläng'?
Dem wüßt' allein dein Vater Rat.
EVA Wo so ein Meister den Kopf nur hat!
Käm' ich zu euch wohl, fänd' ich's zu Haus?

„Da dacht' ich aus ..." muß Eva noch deutlicher werden? Ja, alles war so wunderschön ausgedacht, da passiert das Fatale: Zwei Tage vor dem Preissingen, das Eva so glänzend in Szene gesetzt hatte, tritt der Junker in ihr Leben. Es ist, wie immer bei Wagner, Liebe auf den ersten Blick. Aber der Junker braucht, umständlich wie alle Männer, noch einen weiteren Tag, um sich zu erklären (Das mit dem „umständlich" ist vielleicht ungerecht, nicht gegenüber den Männern, sondern gegenüber Walther. Er hat ja kaum Gelegenheit, Eva allein zu sprechen, außer in der Kirche). Jedenfalls kann sich Eva erst jetzt der Liebe des Junkers sicher sein, hat also nur einen Tag, um alles neu zu richten, und obwohl sie das Menschenmögliche versucht – Bitte an Walther, sich um die Aufnahme in die Zunft zu bemühen, erstes Gespräch mit Sachs, Fluchtversuch, erneutes Gespräch mit Sachs – die Zeit reicht eben nicht mehr, um das Steuer herumzuwerfen, oder etwa Pogner „seine" Lieblingsidee wieder auszureden.
Die arme Eva. Sie hat da etwas losgetreten, das sie nicht mehr lenken kann. Wie glücklich kann sie sein, daß Sachs alles zum guten Ende führt. Wenn Eva zum Schluß den Kranz von Walthers Stirn nimmt und ihn Sachs aufdrückt. dann weiß sie, warum (und Sachs weiß es auch). Die beiden mit dem Wettsingen verbundenen Intrigen, die von Eva und die von Sachs eingefädelte, werden hier symbolisch miteinander verschmolzen.
Aber wenn es denn, Gott behüte, schlecht ausgegangen wäre, wenn Sachs also den Ritter nicht mehr ins Meisterkonzert hätte einschleusen können, dann wäre das arme Evchen gewiß zu bedauern gewesen – „Trauring, aber wahr", heißt es in einem uralten Kasinowitz (den ich nur deshalb hier einzurücken wage, weil auch die „Meistersinger" nur ungern einen Kalauer auslassen) – von der Dramaturgie der Handlung her wäre der Pognerin aber nicht ganz und gar unrecht geschehen. Sie hätte halt die Suppe auslöffeln müssen, die sie sich selber eingebrockt hatte. So etwas soll vorkommen.

Fazit: Die „Meistersinger" sind frei von dramaturgischer Schwäche. Richard Wagner hat die Lösung jedoch nur angedeutet. Vielleicht wollte er, daß wir sie erraten. Was hiermit geschehen ist.

4. Hauptteil 2 (für ganz Engagierte)

Ob es wirklich so war, wer weiß? (Man beachte die Alliteration!) Das Werk ist, was hier nicht zum erstenmal bemerkt wird, einigermaßen vielschichtig. Nehmen sie also das Ganze als eine heitere und (hoffentlich auch) erheiternde Gedankenspielerei, ganz im Sinne des Lichtenberg-Schülers Alexander von Humboldt, wonach es in erster Linie auf den W e g zur Wahrheit ankommt. Bitte revozieren Sie jetzt nicht, daß sie denselben trotz seiner Steilheit doch nicht gern auf Eseln zurücklegen möchten. Wenn schon Vergleiche aus dem Tierreich, so gefällt mir der aus Ernst Blochs Beckmesser-Essay weit besser.

Ebenso aber kommt vor, daß ein blindes Huhn ein Korn findet, das den sehenden entgangen ist. Ja, es kann dann ein nicht nur entlegenes, sondern sozusagen ausgefallenes Korn sein, das ein genormtes Huhn auch als blindes hätte liegen lassen.

Das mit der Vielschichtigkeit der „Meistersinger" ist übrigens nicht einfach so dahergesagt. Keine Deutung, und das macht die Oper so lebendig, kann für sich in Anspruch nehmen, die einzig wahre zu sein. Das gilt natürlich auch für die hier vorgeschlagene Lösung. Warum das so ist, soll an drei Beispielen gezeigt werden, auf die Gefahr hin, daß mancher sich verwundert die Augen reibt und meint, vor Tische hätte man's doch anders gelesen. Nicht anders, nur einigermaßen pointiert in der Formulierung; aus Gründen der Anschaulichkeit sicher verzeihlich, aber keiner soll uns daran hindern, noch tiefer einzusteigen.

Erstes Beispiel

Wie haben wir uns über die „beschränkte" Ausschreibung des armen Pogner lustig gemacht! „Ein Meistersinger muß er sein", damit ist nach dem oben Gesagten der Kreis der Kandidaten lächerlich eng gezogen.
Verträgt bzw. vertrug sich das heitere Beruferaten, was den künftigen Eidam angeht, mit Pognerschem Pathos? Gewiß nicht, aber Pogner muß sich auch daran messen lassen, was er sagt, und nicht bloß, wie er's sagt (und er sagt's natürlich wunderschön: „Die Anrede Pogners fällt wie ein Sonnenstrahl in den langweiligen

trüben Musiknebel, der bis dahin geherrscht", so jedenfalls Eduard Hanslick).

Vielleicht wäre es den Versuch wert, Meister Pogner auch im Textlichen mehr Gerechtigkeit widerfahren zu lassen. Könnte man die Stelle anders, d. h. offener, interpretieren? Hören wir uns noch einmal an, was Pogner zu sagen hat, diesmal im Zusammenhang; 1. Aufzug, 3. Szene.

VOGELGESANG Wer möchte da nicht ledig sein!
SACHS Sein Weib gäb' mancher gern wohl drein!
KOTHNER Auf, ledig' Mann!
Jetzt macht euch ran!
POGNER Nun hört noch, wie ich's ernstlich mein'!
Ein' leblos' Gabe geb' ich nicht;
ein Mägdlein sitzt mit zum Gericht:
den Preis erkennt die Meisterzunft;
doch, gilt's der Eh', so will's Vernunft,
daß ob der Meister Rat
die Braut den Ausschlag hat.
BECKMESSER *(zu Kothner gewandt)*
Dünkt euch das klug?
KOTHNER Versteh' ich gut,
ihr gebt uns in des Mägdleins Hut?
BECKMESSER Gefährlich das!
KOTHNER Stimmt es nicht bei,
wie wäre dann der Meister Urteil frei?
BECKMESSER Laßt's gleich wählen nach Herzens Ziel,
und laßt den Meistergesang aus dem Spiel!
POGNER Nicht so! Wie doch? Versteht mich recht!
Wem ihr Meister den Preis zusprecht,
die Maid kann dem verwehren,
doch nie einen andren begehren.
Ein Meistersinger muß er sein,
nur wen ihr krönt, den soll sie frein.

Pogner antwortet also hier auf ganz konkrete Bedenken der Meistersinger. Darum die Frage: Stehen die beiden letzten Verse wirklich unverbunden nebeneinander (1. Meistersinger muß er sein, d. h. einer von euch, 2. Ihr entscheidet über den Preis), oder sind sie aufeinander bezogen? Das läse sich dann so: Ein Meistersinger d. h. ein meisterlicher Sänger, „sei er, wer er auch mag", muß er sein, notfalls von außerhalb. Aber euch geht dadurch nichts verloren, denn bei euch liegt ja die Entscheidung: Nur ihr habt das Recht, ihm die Krone aufzusetzen.

Für diese Interpretation spricht zum einen der Kontext, zum anderen die enthusiastische Reaktion der Meistersinger auf die Ankündigung Pogners. Würden sie so reagieren, wenn von vornherein nur Beckmesser – und zur Not noch Sachs – als Kandidaten infragekämen? Gäbe es dann einen Grund, Pogner „weit und breit" zu preisen? Dabei werden die Meister schon davon ausgehen, daß einer aus ihrer Runde gewinnen wird – wer sonst, bei dieser Jury? Aber warum soll sich ein Außenstehender nicht wenigstens beteiligen dürfen? Und so kommt es am Schluß ja auch. „Dein Sang erwarb dir Meisterpreis" bedeuten die Meister dem „Seiteneinsteiger" Walther.

Daß Pogners Ankündigung bisher immer anders verstanden worden ist, spricht nicht unbedingt gegen diese Deutung, eher schon, daß auch die Protagonisten die Auslobung offenbar dahingehend interpretieren: erst Meistersinger, dann Kandidat. Oder tun sie das in erster Linie aus praktischen Gründen? Wenn Eva in der ersten Szene des ersten Aufzuges ihren Walther fragt, ob er ein Meistersinger sei, kann sie das doch kaum i. S. der Zunft meinen. Der Ritter als approbierter Meistersinger? Kaum vorstellbar, da muß erst ein Hans Sachs kommen, um ihn zu „keilen".

Praktische Gründe gibt es natürlich zuhauf. Wie soll jemand den Preis gewinnen, wenn er sich nicht vorher als zünftiger Meistersinger bewährt hat? Der Jurist spricht vom „favor judicis." Meistergesang und Meistersinger, das geht in ganz Nürnberg gewiß in eins. Und so tut Walther gut daran, sich im Kreis der Meistersinger vorzutellen und es zu probieren, zumal ja die Aufnahme in die Meistersingerzunft ganz im Gegensatz zu Davids gelehrten Ausführungen offenbar auch im Hau-Ruck-Verfahren möglich ist.

Der Gedanke braucht nicht weiterverfolgt zu werden. Der Gang der Oper mit Probesingen, Traumdeutung und Preislied wäre derselbe geblieben, egal wie man Pogners Ankündigung auffaßt. Immerhin wäre bei der weniger formalistischen Interpretation der Kreis der Kandidaten nicht gar so eng gezogen, Pogners Auslobung hätte mehr Gewicht und Würde. Und uns bliebe auf der Festwiese die Spannung: Wird sich etwa noch ein ganz anderer, Unbekannter bewerben?

Darf man davon ausgehen, daß Wagner selbst die Frage offengelassen hat, indem er mit beiden Bedeutungen des Wortes spielt? Wenn Eva in der erwähnten Szene gegenüber Walther vom „Meistersinger" spricht, verwendet sie das Wort „Meister" offenbar in einem anderen Sinne, als wenn sie in der 2. Szene des 2. Aufzuges fragt: „Lieb' Vater, muß es ein Meister sein?" So können wir es auch halten. „Non liquet" würde der Jurist sagen.

Zweites Beispiel

Von der 4. Szene im 2. Aufzug – Gespräch zwischen Sachs und Eva – wurde bereits gesagt, daß sie interpretationsmäßig umstritten sei. Zitiert wurde Egon Voss, der Eva „Unaufrichtigkeit" vorwirft, wenn sie Sachs „Avancen" mache.

Ähnlich urteilt Peter Wapnewski über Eva.

Kokett und naiv-raffiniert spielt sie mit der verlorenen Chance (da sie sich doch längst „gewählt" weiß).

Freundlicher liest sich das bei Joachim Kaiser, der schon auf Evas Seelenlage eingeht, ohne daraus jedoch Konsequenzen zu ziehen.

Die beunruhigte Eva kokettiert liebevoll mit ihm [Sachs]: wenn schon nicht den Ritter, dann immer noch lieber den Witwer Sachs als den Beckmesser, dürfte die Verzweifelte erwägen.

Edgar Istel schließlich sieht Eva ganz und gar zwischen zwei Feuern.

Eva hat keinen Zweifel darüber gelassen, daß auch sie den herrlichen Mann [nicht Stolzing, sondern Sachs!] nicht nur nachbarschaftlich und freundschaftlich, sondern in der Tiefe ihres Herzens so zärtlich liebt, daß sie, als ihr Walther für immer verloren scheint, daran denkt, Hans Sachs zur Werbung um sie aufzufordern.

Wenn ich nun in aller Bescheidenheit noch meine Version hinzusetze – Eva versucht vor allem, ihrem Freund Sachs begreiflich zu machen, daß sie für die Auslobung verantwortlich ist und jetzt nicht mehr weiter weiß – dann gibt es für diese kurze Szene immerhin drei voneinander abweichende Interpretationen. Dabei wird man das Gefühl nicht los, daß eigentlich alle etwas für sich haben. Ein Jurist versucht es in einem solchen Fall mit der sog. „vermittelnden Theorie", d. h. er rührt alles zusammen und probiert das neue Destillat.

Eins ist sicher: Es ist am hübschesten, sich die Szene so vorzustellen, wie Istel sie schildert. Wenn Eva ihren „väterlichen" Freund direkt anspricht („Könnt's einem Witwer nicht gelingen?"), dann paßt das auch am besten zu Istels Theorie. Immerhin weiß Eva – wenn auch nur über die Jungfer Lene – daß das Probesingen schlecht ausgegangen ist. Das verspricht für das Preissingen nichts Gutes. Bleibt da nicht Sachs der Rettungsanker, nicht nur als Heiratsvermittler, sondern als Kandidat? Gewiß nur 2. Wahl – aber immerhin . . .

Warum sollte Eva hier unaufrichtig sein, „kokett und naiv-raffiniert" mit der verlorenen Chance spielen? Die „verlorene" Chance mag sich im weiteren Verlauf als die einzige Möglichkeit erweisen, einer Heirat mit Beckmesser zu entgehen.

Trotzdem, gegen die Interpretation Istels (aber auch gegen die von Voss und Wapnewski) spricht der Ablauf der Szene. Eva muß doch erst einmal wissen, wie es wirklich um den Junker steht. Jungfer Lene ist da keine sehr verlässliche Quelle. Man sollte also meinen, daß sie bald zur Sache kommt. Viel Zeit hat sie nicht mehr. Aber was tut sie? Sie geht erst einmal eine ganze Weile um den heißen Brei herum, d. h. Meister Sachs um den Bart, bevor sie ihr eigentliches Thema anschneidet. Dabei müßte es genau umgekehrt sein. Erst nachdem sich Eva von der Chancenlosigkeit Walthers überzeugt hätte, wäre Sachs „dran".

Sieht man die Szene aber, wie von mir vorgeschlagen, so, daß Eva ihrem „väterlichen" Freund nicht in erster Linie einen Antrag machen, sondern die Vorgeschichte der Auslobung nahebringen will, dann „stimmt" die Szene, was ihre Abfolge angeht.

Eva erzählt Sachs die Vorgeschichte ja deshalb, um ihn in die Pflicht zu nehmen. Seinetwegen hat sie schließlich alles inszeniert. Dafür, daß es anders gekommen ist, kann sie nichts: „Doch nun hat's mich gewählt." Jetzt soll sich Sachs gefälligst etwas einfallen lassen. Denn eigentlich ist er ja „schuld" daran. Hier spricht nicht „die Gans, Evchen traut", wie Thomas Mann es einmal so überaus charmant formuliert hat, auch keine herzlose Intrigantin, sondern eine junge Frau, die um ihre Liebe kämpft und dabei, hier hat Istel gewiß recht, sich der „liebenswürdigen Kriegslisten" bedient, „die jede Frau so meisterhaft beherrscht."

Evas Appell an Sachs „Könnt's einem Witwer nicht gelingen?" darf durchaus ernst genommen, soll nicht einfach i. S. eines unverbindlichen compliment d'usage hinweginterpretiert werden. Eva ist an dieser Stelle vielleicht ein wenig kokett, fühlt sich auch immer noch zu „ihrem" Sachs hingezogen. Aber die Szene gewinnt doch gegenüber Istel an Folgerichtigkeit, gegenüber Voss und Wap-

newski an innerer Wärme, wenn man der von mir vorgeschlagenen Lösung zuneigt.
Das mag jetzt ein wenig unentschieden klingen. Eine behutsame, nicht auf einen Punkt fixierte Interpretation wird aber der Szene wohl am ehesten gerecht. Bedenken Sie Evas Lage. Sie ist verzweifelt, und Eva ist es auch. „Ach, Lene, die Angst!“, heißt es kurz vorher. Wenn Eva sich auch schon hundertmal gesagt hat, daß die dumme Lene den dummen David gewiß falsch verstanden hat, so weiß sie im Innersten doch: Der Junker hat versungen, ihr Lebensglück ist zerstört – soll ihr ausgerechnet jetzt nach Flirten zumute sein?
Aber sie muß sich zusammenreißen. Gerade Sachs gegenüber darf Eva ihre Verzweiflung am wenigsten zeigen. Nein, sie muß ihn ja einweihen, wie soll er ihr sonst helfen? Nein, sie kann es nicht, wie wird er reagieren? Und sie selbst? Sie ist an allem schuld! Dieser gräßliche Beckmesser! Was ist mit Sachs? Mit Walther fliehen?

Das alles geht Eva durch den Kopf, während sie äußerlich ruhig mit Sachs Konversation treibt. Gewiß hat sie Mühe, ihre Gedanken zusammenzuhalten, auf Sachsens leichten Ton einzugehen. Am Ende des Gespräches ist es dann mit ihrer Beherrschung vorbei. Und doch – ein Hauch von Zärtlichkeit, vielleicht sogar von Koketterie, liegt über dem Ganzen. Eva versteht es, ihr Geständnis zu „verpacken“.
Fazit: Die „gemischte Theorie“ scheint mir am ehesten Evas Seelenlage zu entsprechen. Wer ihr Verhalten gegenüber Sachs „koket-

Wagner und die Kritiker. Der Meister im Himmel. Karikatur aus Floh, Wien 1883

tieren“ nennen möchte, mag das tun, solange er sich bewußt bleibt, daß dies weder „naiv-raffiniert“, noch einfach „zärtlich“ oder „liebevoll“ geschieht, sondern mit bedrücktem Herzen. Daß Sachs es Eva im Gespräch nicht gerade leicht macht, wurde schon gesagt. Daß Eva mit „liebenswürdigen Kriegslisten“ reagiert, ohne sich ihre Stimmung anmerken zu lassen, ja ihre Betrübnis vielleicht sogar einen Moment lang vergißt, macht den schwebenden Reiz der Szene aus.

Drittes und letztes Beispiel

Manch einer hat sich vielleicht an den auf Eva gemünzten Vokabeln „Einbläserin“ und „Fädenzieherin“ gestört. Ist denn Pogner nichts weiter als eine Marionette in ihren zarten Händen? Soll er selbst zur Auslobung gar nichts beigetragen haben?
Darauf kann man ehrlicherweise keine Antwort geben. Der Beitrag, den Vater und Tochter zur Auslobung geleistet haben, wird sich im nachhinein nicht auseinanderdividieren lassen. Nur von der Interessenlage her kann man schließen, daß Eva der aktivere Teil gewesen ist.
Aber mit dem „Einblasen“ muß man es ja auch nicht so eng sehen. Womöglich ist der erste Anstoß sogar von Pogner gekommen. Man stelle sich folgenden Dialog zwischen dem gerade von einer Geschäftsreise zurückgekehrten Vater und der Tochter vor.

Pogner: „Also, Kind, da war ich doch bei der Gräfin Beutelberg, um ihr meine Kollektion vorzuführen, du weißt, die alte geizige Schachtel! Natürlich fing sie wieder an zu feilschen, und zum Schluß hat sie mir so richtig gezeigt, wo ich hingehöre. Einen Krämer hat sie mich genannt! Mich! Man müßte es denen einmal so richtig zeigen! Den ganzen Bettel hinschmeißen und nur noch für die Kunst leben. Und für dich einen Mann suchen, der etwas von Kunst versteht, nicht vom Geschäft!“
Eva: „Aber Vater!“

Ja, so könnte es gewesen sein. Epatez la noblesse! Und dann ist der kleinen Hexe aufgegangen, was für Möglichkeiten in diesem verrückten Plan stecken. Daß sie auf diese Weise den Mann bekommen kann, den sie liebt, immer schon geliebt hat. Dann hat sie angefangen, ihrem Vater, der seinen Ärger wahrscheinlich längst vergessen hatte, ihre Version der Geschichte schmackhaft zu machen mit Auslobung und allem Drum und Dran. Ein Wort gibt das andere, und schließlich ist man sich einig über die Modalitäten.

Gibt es dafür einen Beweis? Keineswegs, aber eine Reihe von Indizien für Evas (Mit)urheberschaft ist schon aufgeführt worden. Hinzu kommt das leise Unbehagen, das einen befällt, wenn man sich den freundlichen Pogner als „Rabenvater" zu denken hat. Da wir gerade bei den Charakteren sind: Sich Evchen einzig als brave „Ja-Und-Amen-Sagerin" zu ihres Vaters hochfahrenden Plänen vorzustellen, fällt auch nicht leicht. Einen kleinen Hinweis auf das Verhältnis Vater-Tochter enthält die 2. Szene im 2. Aufzug. Pogner hat plötzlich Angst vor der eigenen Courage bekommen, überlegt, ob er sich bei Sachs Rat holen soll. In seiner Unschlüssigkeit wendet er sich an Eva mit den Worten: „Und du,mein Kind, du sagst mir nichts?" Die kurze Frage Pogners soll nicht überinterpretiert werden. Immerhin zeigt sich hier, daß Pogner durchaus bereit ist, auf seine einzige Tochter zu hören (die ja mit dem Tode der Mutter gewiß selbständiger geworden ist als andere Mädchen ihres Alters).

Das waren drei Beispiele für die Vielschichtigkeit (man kann auch vornehm sagen: Doppelbödigkeit) der Oper. Ich möchte nicht mißverstanden werden: Von meinen Ausführungen brauche ich nichts zurückzunehmen. Aber eine absolute Wahrheit gibt es nicht, jedenfalls nicht bei den „Meistersingern". (Auch) darin liegt ihr Reiz.

5. Abgesang

Ich bin nun fertig. Einen kleinen Abgesang aber gönnen Sie mir bitte noch. Ich versuche eine Antwort auf die Frage, ob man wirklich Jurist sein muß, um des Meisters geheimste Gedanken zu erraten, den wahren Motiven der „Meistersinger"-Protagonisten auf die Spur zu kommen.

Bedingung ist das natürlich nicht, und ich hoffe, Sie nehmen alles, was hier über Juristen gesagt wurde, cum granu salis. Vielleicht hat ja längst auch ein anderer „meine" Idee vorweggenommen, ein Literatur- oder Musikwissenschaftler. Möglich wär's. Denn nach einer Erkenntnis, die wir Ernst Keller verdanken, ist

über keinen Menschen nächst Jesus und Napoleon eine so große Zahl von Buchtiteln verfaßt worden wie über Richard Wagner.

Für den Fall, daß noch kein anderer auf die hier angebotene Lösung gekommen ist, wünsche ich mir natürlich einen Musikwissenschaftler, um dieselbe leitmotivisch zu untermauern. Ich meine, daß das möglich ist, möchte mich aber darüber nicht auslassen. Das wäre keine Grenzüberschreitung mehr, sondern schon Grenzverletzung.

In neuerer Zeit ist aber wohl über die von mir behandelten Fragen nichts veröffentlicht worden. Jedenfalls habe ich bei meiner nicht allzu intensiven Suche nichts gefunden. Das hängt vielleicht mit der Tatsache zusammen, daß einige der produktivsten Beiträge zu den „Meistersingern" seit einer Reihe von Jahren aus der Feder von Linksintellektuellen stammen (Die Erkenntnis stammt nicht von mir, sondern von Joachim Kaiser). Für Theodor W. Adorno, Marcel Reich-Ranicki, Hans Mayer, Ernst Bloch oder Walter Jens ist aber offenbar die Figur des einzigen Intellektuellen, den die Oper zu bieten hat, die des Stadtschreibers Sixtus Beckmesser, viel interessanter als die des biederen Veit Pogner. Über Beckmessers Rolle ist in neuerer Zeit viel Gutes und Kluges, auch Bemühtes, geschrieben worden. Daß Pogner hingegen durch die Preisgabe – durchaus doppelsinnig gemeint – seiner einzigen Tochter „den Führungsanspruch des Bürgertums" gegenüber dem langsam absterbenden Feudalismus legitimieren möchte, darin liegt für ein an Marx geschultes Geschichtsverständnis gewiß kein Problem. Ein Jurist dagegen wundert sich immer, wenn Personen genau das tun, was man platterdings von ihnen erwartet. Vielleicht liegt da der kleine Unterschied.

Noch etwas kommt hinzu. Der Jurist hat einen Heidenrespekt vor dem „objektivierten Willen des Gesetzgebers", will heißen vor dem Text, wie er im Gesetzblatt steht und den er möglichst aus sich heraus interpretieren möchte. Materialien jeglicher Art – in Form von Entwürfen, Bundestagsdrucksachen, selbst amtlichen Begründungen – sind ihm suspekt. Wenn er sie heranziehen muß, dann immer mit langen Zähnen.

Gerade bei den „Meistersingern" empfiehlt sich aber, so meine ich, eine gewisse Zurückhaltung bei der Heranziehung der Materialien, vor allem, wenn sie von Wagner selbst stammen. Peter Wapnewski sagt es treffend:

> Der Blick auf die „Meistersinger" wird leicht verstellt . . . durch die Menge von Wagners einschlägigen Selbstaussagen.

Richard Wagner war schon immer sein eifrigster Interpret – nicht unbedingt sein bester. Ich habe mich deshalb an das gehalten, was er *in* den „Meistersingern“, weniger an das, was er *über* die „Meistersinger“ gesagt hat. Vielleicht regt das den einen oder anderen meiner Zuhörer an, das Stück (noch) einmal zu lesen. Es lohnt sich.